ちくま学芸文庫

未開社会における性と抑圧

B.マリノフスキー

阿部年晴　真崎義博　訳

筑摩書房

序文

精神分析学の理論は、この一〇年のあいだに、めざましい勢いで、一般大衆の支持を獲得した。現代の文学や科学や芸術に対するその影響は次第に増してきており、このところ時代の大流行とも称すべきものとなっている。たくさんの浅薄な人々が感動し、衒学者たちはショックを受け困惑した。私は、あきらかに第一のカテゴリーに属しており、しばらくのあいだ、フロイト、リヴァーズ、ユング、ジョーンズの理論にひどく影響を受けた。新しがりは私にとって支配的な熱情でありつづけるだろうが、熱中につづく反省はすぐに最初の興奮をさまさせた。

注意深い読者はこの本のなかで、その過程を細部にわたってたどるはずである。とはいえ私は劇的な方向転換を見込んでいるわけではない。わたしは、いままでどのような意味においても、精神分析の実践家ではなかったし、精神分析学理論の信奉者でもなかった。そしていまでは、精神分析学の不当な権利要求やわけのわからない議論や、こんがらがった術語などにがまんできないが、それでも、わたしは人間の心理のいくつかの側面に対する価値ある示唆と刺激に関しては、精神分析学に対し深い感謝の気持を持っている。

精神分析学は、精神に関するダイナミックな理論のまっただなかにわれわれを引きこみ、精神形成の過程の研究に事実に則した新しい見方を与え、児童心理学と個人の生育史に注目するように導いた。最後に、だからといって重要でないということではないが、精神分析学は、人間生活のおもてむきに公認されていないような側面を深く考えるようにさせた。性やさまざまな恥ずべき卑しさや虚栄についての率直かつ自由な論じ方――そのために精神分析学が嫌われ、ののしられているわけだが――それは、科学にとってきわめて価値あることである。そして、この点こそ、とりわけ人間を研究する者が、自分の研究テーマをまとはずれな粉飾や「いちじくの葉」なしに研究したいと思う時に精神分析学が有用なものとなる理由なのである。私自身はハヴロック・エリスの弟子、信奉者として、少なくともフロイトの性衝動の論じ方には深い嫌悪感を覚えるのであるが彼が「汎性説」をとっていると非難するつもりはない。フロイトの見解を不承不承受け入れておきながら、その見解にまつわる汚れは適当に避けるというようなこともすまい。人間が動物である以上、ときにはそれなりにお上品でないこともある。正直な人類学者は、この事実に直面しなければならない。精神分析学に対する私の不平は、それが性を開放的に扱い当然のこととして強調した点にあるのではなく、まちがったしかたで性を扱ってきたという点にあるのだ。

この本の、いくぶん複雑な成り立ちについて言えば、はじめの二部は残りの部分よりずっと前に書いたものだ。そこに述べてある考えの多くは、私がサンゴ群島にあるメラネシア人社会の生活に関する研究に従事しているあいだに形づくられた。友人のC・G・セリグマン教授が書き送ってくれた示唆や、彼が親切にも提供してくれた文献が、エディプス・コンプレックス[訳注1]や、他の「無意識」の現われが、母権制にもとづく社会にどういうしかたで現われるかについて考えてみるよう刺激してくれた。メラネシア人の母系制的なコンプレックスのこの具体的な観察は、私の知るかぎりでは、精神分析理論を未開人の生活研究に応用した最初のものであり、そうしたものとして人間の心と文化を研究する者にとって、ある程度興味の対象になるだろう。私の結論は、現在用いたいと思う以上に、多くの精神分析の術語を用いて言いあらわされている。しかし、私は「コンプレックス」とか「抑圧」という言葉を、まったく限定された経験的な意味[訳注2]で使っているので、言葉の意味そのものを越えてしまうようなあいまいな使い方はしていない。

勉強をすすめるにつれて、次第にフロイトの結論を大雑把《おおざっぱ》な仕方で受けいれることはできなくなり、精神分析の諸派や亜流などはなおさら受けいれられなくなった。人類学者として私が特に感じることは、未開人に関する野心的な理論、人間の制度の起源に関する仮説、文化の歴史に関する説明、これらは、人間精神の無意識的・意識的側面に関するものと同様に、未開人の生活に関する確固たる情報にもとづいていなければならない、ということだ。けっきょくのところ、集団婚[訳注3]もトーテミズム[訳注4]も、義母を避けること[訳注5]も呪術も、「無意識」のなかで起こっているのではない。それらはすべて、堅固な社会的・文化的事実であり、それを理論的に扱うには、診察室では得られないタイプの経験を要するのだ。私は、フロイトの『トーテムとタブー』、同じく『集団心理とエゴの分析』、ローハイムの『オーストラリアのトーテミズム』そしてライク、ラング、ジョーンズの人類学的な著作を綿密に吟味することによって、私の懸念は当を得ているのだという確信を持った。私の結論はこの本の第三部で実証されている。

私は、第四部で文化の起源に関する私自身の見解を述べた。そこで、私は、文化によって課せられた変則的な条件のもとで、人類の動物学的な性質がこうむったにちがいない諸変化の輪郭を示した。とくに、性本能の抑圧と、ある種の「コンプレックス」は、文化の創造に伴う精神的な副産物として起こったにちがいない、ということを示そうとした。

この本の最後の部分、つまり本能と文化に関する部分は、私の考えでは、もっとも重要かつ議論の余地のあるところだ。すくなくとも、人類学の側からみれば、これはパイオニア的研究、つまり、人間の科学と動物の科学とにはさまれた「専門家なき領域」に対する探索の試みだ。むろん、私の議論の大部分はねり直されなければならないだろう。しかし、それらは文化の研究者ばかりでなくおそかれはやかれ生物学者や動物心理学者にも考察されなければならないような重大な問題を提起していると私は信じている。

動物心理学や生物学の資料に関しては、私は一般的な本に頼らなければならなかった。私は主に、ダーウィン、ハヴロック・エリス、ロイド・モーガン教授、ヘリック、ソーンダイク、ヒプー博士、ケーラー博士、パイクロフト氏の著書やウェスターマーク、ボブハウス、エスピナスその他の社会学的な著書に見られる情報を使った。私は、本文のなかで、著者に対して詳しくふれていないので、ここに彼らへの感謝の気持を表わしたい。とくに、ロイド・モーガン教授に対して。彼の本能に関する考え方は、最も適切であり、彼の観察も、きわめて有用なものである。私は、本能、習慣、という言葉について、私の使い方とロイド・モーガン教授の使い方に、そして本能の可塑性についてのわれわれの考え方に、それぞれくいちがいがあることにだいぶ後になって気づいたが、このくいちがいによって深刻な意見の相違が起こるとは思わない。私はまた、文化が本能の可塑性に新しい次元をもちこむこと、そして、この点に関する人類学者の貢献をよく知れば動物心理学者はそこから利益を得られる、ということも確信している。

私はこの本の準備にあたり、下記の人々との討論から多大な刺激と助けを得た。友人であるオックスフォードのブレンダ・Z・セリグマン夫人、カリフォルニア大学のR・H・ローウィー博士とクローバー教授、ニュージーランドのファース氏、ワシントンのW・

A・ホワイト博士とバルティモアのH・S・サリバン博士、シカゴ大学のヘリック教授とロンドン経済大学のギンズバーグ博士、ニューヨークのG・V・ハミルトン博士とS・E・ジェリフ博士、ハーリー街のE・ミラー博士、カリフォルニアのバークレーのジェム・ダングロ夫妻とケンブリッジのC・K・オグデン氏、ケープタウンとシドニーのラドクリフ・ブラウン教授とニューヨークのロレンス・K・フランク氏。この本の基礎となっているフィールド・ワークは、ロバート・モンド氏の資金援助で可能になった。

私の友人、ウィーンのポール・カナー氏にこの本を捧げる。彼は、その有能な批評により、他の多くの場合同様、この主題に関する私の考えを明快なものとするよう助けてくれた。

B・M

ロンドン経済大学人類学科　1927年2月

目次

第二部　伝承の鏡

第三部　精神分析と人類学

第四部 本能と文化

未開社会における性と抑圧

『感覚のために、長いこと衝動を無視したあと、現代の心理学は、いまや、本能的活動に関する目録と記述をもって出発しようとしている。これが改善であることについてはうたがいの余地がない。しかし、個人生活や社会生活の複雑なできごとを、こうした自然の力へ直接結びつけて説明しようとすると、その説明はあいまいで不自然なものになってゆく……。』

『われわれは、社会における心理学的な要素を論ずるまえに、行動の原形に明確で意味のある傾向をうえつける社会的な条件を知る必要がある。これが社会心理学のほんとうの意味なのだ……人間の本性は生《なま》の材料を提供するが、慣習は機構とデザインをもたらす……人間は習慣の動物であり、理性や、まして衝動の動物ではない。』

『精神分析学者による性の取り扱いは、きわめて示唆に富んでいる。それは、人為的な単純化の結果と社会的結果の精神的原因への転換とをあからさまに示しているからだ。著述家たちは、普通男性だが、まるでプラトン風の普遍的実体でも扱うかのように、女性心理について述べたてている……彼らは、現代の西欧文明の固有な徴候であるような現象を、あたかもそれが人間性に本来ある不変の衝動の必然的な結果であるかのように扱う。』

ジョン・デューイ『人間性と行為』より

第一部　コンプレックスの形成

I　問題点

精神分析学は医学の実践からうまれ、その理論はおもに心理学的なものだが、それはほかの二つの学問分野すなわち、生物学や社会科学と密接なつながりをもっている。おそらく精神分析学のおもな功績のひとつは、これら人間科学の三分野のあいだに新しいきずなをつくったということだ。フロイトの心理学的見解——葛藤、抑圧、無意識、コンプレックスの形成についての彼の理論——は精神分析学のもっとも洗練された部分であり、精神分析学固有の領域を形作っている。その生物学的学説——すなわち、性および性と他の本能との関係の取扱い、「リビドー」[訳注6]とそのさまざまな変形に関する考え——はそれほど完成された理論にはなっていず、多くの矛盾や脱落がある。そして多くの批判、なかばいいかげんでなかば正当な批判の対象となっている。本書においてわれわれの最大の関心事である社会学的側面は、もっと注目されるべきだろう。不思議なことに、社会学と人類学が精神分析学に対して好意的な証拠の大部分を提供してきたにもかかわらず、またエディプス・コンプレックスの学説は明らかに社会学的側面をもっているにもかかわらず、この側面にはほとんど注意が払われなかった。

　精神分析学の学説は、本質的には、家族生活が人間の精神に与える影響についての理論である。精神分析学は、父親、母親、兄弟、姉妹などに対する子供の恋情、ストレス、葛藤が、それらの人々に対する子供の永続的な心的態度あるいは情操[訳注7]をいかにして形成するかを示した。この情操は、部分的には記憶のなかで生きつづけ、また意識下にひそみ、その個人の以後の生活において、彼と社会の関係に影響を及ぼす。私はここで情操ということばを、シャンド氏が定義した意味で、彼が本能に関する理論のなかで与えたあらゆる重要な言外の意味もふくめてつかっている。

　この学説の社会学的な性格ははっきりしている――フロイト説のドラマ全体はある特定のタイプの社会組織のなかで、父親、母親、子供からなる狭い集団のなかで演じられる。このようにして家族コンプレックスは――フロイトによればもっとも重要な心理学的事実だが――ある特定の社会構成が人間精神に及ぼす作用に基づいている。さらに、個々人が青少年期に受ける精神的刻印は、のちに社会的な影響を与え、ある種の人間関係を結ぶ傾向を個人の中に植えつけ、感受性の傾向や、伝統、芸術、思想、宗教の領域での彼の創造力を形成する。

このようなわけで社会学者たちは、コンプレックスに関する心理学的な章に、さらに二つの社会学的な章すなわち、家族の影響の社会学的性格を説明した序論と、コンプレックスが社会に対してどのような結果をもたらすかの分析をふくむエピローグとがつけ加えられるべきだと感じている。そこで、社会学者に対して二つの課題が生じる。

第一の問題。

もし家族生活が人間の精神のありかたにとってそれほど決定的なものならば、家族の性格はもっと注目されるべきである。なぜなら、家族といってもそれはあらゆる人間社会において同一ではないのだから。家族構造は文明の発展段階や特性によって非常に多様だし、おなじ社会のなかでも階層がちがえばおなじではない。今日でさえ、人類学者たちの間で通用している理論[訳注8]にしたがえば、家族というものは、人類の進化の過程で、性的・経済的共産制に基づく初期の乱婚形態から、「集団婚」[訳注10]に基づく「集団家族」、「プナルア婚」[訳注9]に基づく「血縁家族」を経て、また大家族や氏族による血縁関係をとおって、現代のわれわれの社会にあるその最終的な形態——単婚[訳注11]と父権に基づく個別家族——へと大変化をとげてきた。わずかな事実を、多くの仮説とむすびつけたこうした人類学的解釈から離れても、今日の未開人のあいだでなされる実際の観察から、たいへんさまざまな家族構造がみられるということは疑いのないことだ。権力の配分からくるさまざまなちがいがある。権力がどの程度まで父親に与えられるかにより、いろいろなかたちの家父長制[訳注12]がつくられ、母親に与えられることにより母権制[訳注13]のさまざまな型がつくられている。出自[訳注14]のたどり方や考え方には注目すべきちがいがある——出産に関する父親の役割についての無知に基づく母系制もあれば、この無知があるにもかかわらず父系制をとっている社会もある。権力が生み出す父系制もあれば、経済上の理由に起因している父系制もある。さらに集落、住居、食料の供給源、しごとの分担などの相違は、さまざまな人種や民族の家族構造を大幅にかえてしまう。

したがって、つぎのような問題が生じる。すなわち、家族内の葛藤、情欲、愛着心は家族構造によって変化するのだろうか、それとも全人類を通じて共通なのだろうか？ それらが変化するなら、実際にもそうなのだが、家族の中核コンプレックス[訳注15]はすべての人種、すべての民族をつうじて不変のはずはない。それは家族構造とともに変化するにちがいない。したがって、精神分析学理論の主要な課題は、その変化の限界を研究し、その適切な公式をつくり、最後に、家族構造のいくつかの典型的なタイプを論じて、そのそれぞれに対応する中核コンプレックスの形態を述べることだ。

たぶんただひとつの例外を除いて、[原注1]この問題はまだ提起されていない、少なくとも明確で直接的な形では。もっぱらフロイト学派によって理解され、普遍的なものと考えられたコンプレックス、つまりエディプス・コンプレックスは、ローマ法とキリスト教的モラルにささえられ、現代の富裕ブルジョアジーの経済状態によって強調されている発達した父権をともなったわれわれアーリアン語族の父系家族と本質的に対応している。それにもかかわらず、エディプス・コンプレックスはあらゆる未開、野蛮の社会にも存在すると想定されている。これは明らかに正しくない。そしてこの第一の問題をくわしく論ずれば、この仮説がいかにまちがっているかわかるだろう。

第二の問題。

神話、伝説、昔話、未開で野蛮なある種の慣習、さらには社会組織の形態や物質文化の成果などに、家族コンプレックスが与える影響はどんな性質のものだろうか？

精神分析学の原理を神話、宗教、文化の研究に応用している精神分析学的著述家たちはこの問題をはっきりと認識している。しかし、家族構造が家族コンプレックスの力をとおして文化や社会にいかなる影響を与えるかに関する理論は正しい仕方では形成されていない。この第二の問題に関係のあるほとんどの見解には、社会学的な立場からの全面的な修正が必要だ。一方フロイト、ランク、ジョーンズらによってなされた神話学上の具体的な問題に対する具体的な解決は、「神話は民族の不朽の夢である」という彼らの一般的な原理よりはるかに健全なものになっている。

精神分析学は未開人の心理学に正しい基礎を与えた。つまり精神分析学は、未開人の中に自然に対する感情に動かされることのない関心や、自分の運命についての哲学的思索への関心を想定していたまちがった見方に対して、未開人の関心は彼自身や彼の周囲の人々に集中し、それは具体的でダイナミックな性格のものだということを強調したのである。しかし、第一の問題を無視し、エディプス・コンプレックスはあらゆるタイプの社会に存在するのだという暗黙の仮説をつくりあげたことによって、ある誤りが精神分析学者の人類学的なしごとに忍びこんできてしまった。かくして彼らは、本質的に父権的性質をもつエディプス・コンプレックスを母系社会で見出そうと試み、さらに、精神分析の実践の際に出会うわれわれの家族構造とはぜんぜんちがう状態へアプローチしようというときに、あたかも特別な注意などなにも払う必要はないとでもいうように、集団婚とか乱婚という臆説をもてあそんでいる。そのいずれの場合にも、精神分析学者たちは正しい結果に達しえなかった。こういった矛盾にぶつかって、人類学をふりまわす精神分析学者は、ある種の原始的群とか、トーテム的供犠の先史的原型とか、神話の夢としての性格などについて、普通精神分析学自体の基本的原則とはまったく矛盾するような仮説をつくりあげている。

この本の第一部は、基本的には、未開人のあいだで直接観察した事実に基づいて第一の問題つまり家族構造が中核コンプレックスに及ぼす影響について論ずる試みだ。第二の問題は第二部へ残しておくが、第三部と第四部では対をなすこれらの主題を改めて一般的に論じよう。

原注1　J・C・ブリューゲル著『家族の精神分析的研究』参照。本書の著者は心理学者であるが、全編にわたって問題を社会学的な線に沿って解明している。後半の諸章、ことに一五章と一七章においては、著者は明確に定式化してはいないが、この問題へのアプローチが試みられている。

Ⅱ　父権制と母権制における家族

第一の問題、つまり、「家族コンプレックス」が家族の型によってどのように影響され変形されるか、という問題を検討するための最良の方法は、具体的な事態に入り込んでみることである。言い換えれば、典型的な家族生活の過程におけるコンプレックスの形成を跡づけ、異なる文化の場合を比較してみることである。ここでは人間家族のすべての型を比較しようとせず、個人的な観察を通じて私がよく知っている二つの型を詳細に比較してみようと思う。この二つの型とは、近代文明における父系的家族と、北西メラネシアの島にある社会の母系的家族である。これら二つの例はおそらく、社会学的に観察されたことのある家族の中では根本的に異なるタイプを代表しており、そのためにわれわれの意図を達成する助けとなるだろう。われわれ自身の文化とならんで、比較の一方の項となる北東ニューギニア（あるいは北西メラネシア）のトロブリアンド島民を簡単に紹介しておくことが必要だろう。

これらの原住民は母系制をもっている、つまり、親族の絆が母だけを通してたどられ、継承と相続が女系を通して行なわれる社会制度のもとに生活している。

このことは、少年や少女が母の家族、氏族、共同体に属すること、少年は地位や社会的位置づけを母の兄弟から継承すること、子供は父からではなく母方のおじかおばの財産を相続するということを意味している。

トロブリアンドのすべての男女は、子供時代の性的遊戯の時期につづく青年期の一般的な性的自由の時期を経て、恋人たちが他の二、三のカップルと共に共同の「若者宿」に住んでもっと安定した関係をもつ時期に至り、最後に結婚生活に落着く。結婚は、数人の妻をもつ首長の場合を除けば、通常単婚であり、性的排他性、経済における共同、独立した世帯などをもつ永続的な結びつきである。一見したところでは皮相な観察者には、これはわれわれ自身の結婚の型とまったく同じようにみえるかも知れない。しかし、実際にはこの両者はまったく異なっている。まず第一に、そこでは夫は、われわれが用いるような意味で子供の父親であるとは見なされていない。つまり、生物学的な父性について無知な原住民の考えによれば、夫は子供の誕生に生物学的には関係していないということになる。彼らの信じるところによれば、子供は通常母の女性祖先によって、小さな精霊として母の子宮に挿入されるのである。[原注1] 子供が生れると、夫は子供を保護し慈しまなければならない、つまり「子供を抱か」なければならないが、子供は夫がその出産に寄与したという意味で夫に属するのではない。

こういうわけで、父親は子供の愛し愛される友ではあるが、親族であるとは認められていない。彼は他処者であり、彼が子供に対して権威を保っているとしてもそれは子供との個人的な関係に由来するものであって、リネエジ[訳注16]における社会的な位置によるものではない。真の血縁関係つまり本質の同一性、「同じ身体であること」は、母親を通してのみ成立する。子供に対して権威をもつのは母の兄弟である。しかもこの人物は、兄弟と姉妹の間の親しい関係をすべて禁じる厳格なタブーがあるので、子供の母やその世帯と親密な関係に入れない。彼女は兄弟の権威を認め、首長の前の平民のように彼の前にひざまずくが、両者の間に優しさをおびた関係はあり得ないのである。しかし、彼女の子供は彼の唯一の相続人にして継承者であり、彼は彼らを直接支配する。彼が死ぬと、この世における彼の財産は彼らの手に渡るし、彼は身につけた特殊な知識や技能——ダンス、歌、神話、呪術、手芸など——をすべて生きている間に彼らに伝えなければならない。彼はまた姉妹とその世帯に食物を供給せねばならず、彼の畑の作物の過半は彼らの手に渡る。それ故子供たちは父親に対しては、愛情のこもった世話とやさしい友だちづき合いしか求めない。子供たちに対して、家族内の規律や権威や支配力を代表するのは母の兄弟である。[原注2]

夫に対する妻の態度は屈従的なものからは程遠い。彼女は自分自身の財産をもっているし、私的にも公的にも自分自身の影響力を及ぼすことのできる領域をもっている。父親が母親をいじめているところを子供たちが見るというようなことはまったく起こらない。他方、父親はほんの部分的に稼ぎ手であるにとどまり、主として彼自身の姉妹のために働かなければならず、子供たちも成人したら自分たちもまた姉妹の家族のために働かなければならないということを知っている。結婚は夫方居住婚[訳注17]である。つまり、女は普通他の場所から夫の村に移住して彼の家に住む。従って子供たちは、自分が法的には他処者であって、土地に対する権利もなく村の繁栄に対して正当な誇りも持ち得ない社会で育ち、他方彼ら自身の家郷、愛郷心の伝統的な中心、財産、先祖に対する誇りなどはすべて他の場所にあるという状況におかれる。この二重の影響から、奇妙な組み合わせと混乱が生じる。兄弟と姉妹の間に親密な交わりがあってはならず、ことに性的な事柄に共通の関心をもってはならないという厳格なタブーがあるので、母親を同じくする男の子と女の子とは家庭の内で早くから互いに隔離される。兄弟は姉妹に対して真の権威を有する人物ではあるが、このタブーは、彼がこの権威を姉妹の結婚に関して行使することを禁じている。それ故姉妹の結婚の許可を与えたり与えなかったりする特権は両親の手中に残されており、特に、娘の結婚という一事に関してもっとも影響力があるのは父——母の夫——である。われわれが比較しようとしている二つのタイプの家族の間の大きな差異がはっきりしはじめた。われわれ自身の家族においては、社会を後ろ盾とする権威と力を備えた夫＝父がいる。[原注3]また、われわれの経済組織においては、父が稼ぎ手であり、少なくとも名目的には自分の思うままに、家族への供給を止めることも気前よくすることもできる。これに対して、トロブリアンドでは自立した母と彼女の夫とがいる。夫は子供の出産と何の関係も持たず、一家の稼ぎ手ではなく、子供に財産を譲ることもできず、子供たちに対して社会的に確立した権威ももっていない。他方、母方の親族は大変強い影響力をもっており、母の兄弟は特にそうである。彼は権力を有し、家族の扶養者であり、彼の死に際しては息子たちは彼の財産を相続する。このように、社会の型も家族の構造も（トロブリアンドでは）われわれの文化の場合とはまったく別の原理によって形成されている。

母系制社会の家族生活の研究は興味深いが、われわれすべてが親しく知っており、また精神分析学の最近の文献で繰り返し記述されてもいるわれわれ自身の家族生活について詳しく触れるのは余計なことである、というように思えるかも知れない。それはあたりまえのこととして前提にしてよいではないか、というわけである。しかし、まず第一に、厳密な比較法においては比較されるべき対象が明確に規定されていることが不可欠である。次に、ここで用いられる母系制社会のデータは、人類学的フィールド・ワークの方法によって採集されたものなのだから、ヨーロッパの資料も同じ枠組みでとらえなおして、あたかも同じ方法で観察され人類学的観点から検討されたものであるかの如くしなければならない。すでに述べたように、私は精神分析学的な記述の中に社会環境について直接かつ首尾一貫した言及がなされているのをみたことがないし、まして中核コンプレックスとその原因が社会階層によってどう異なるかについての検討などはみたこともない。しかし、富裕なブルジョアのぜいたくな育児室と百姓の小屋や貧しい労働者の一間だけの借屋とでは幼児期の葛藤が異なるということは明らかである。精神分析的理論の正しさを立証するだけのためにもここで粗野な低い社会階層について考察してみるのがよいだろう。そうした階層においては、何事も率直かつあからさまに表現され、子供たちは両親と同じ部屋で食べ、同じベッドで寝、始終両親と一緒にいる。さらに、そうした階層においては、「親の代替物」が状況をややこしくすることもなければ、良俗が衝撃の荒々しさをやわらげることもない。そこではまた、日常生活での嫉妬やちょっとした競争が、抑圧されてはいるが硬化した敵意を生む。[原注4]

ここで次のこともつけ加えておくべきだろう。つまり、中核コンプレックスと生物学的・社会学的現実の内にあるその基盤とを研究してフォークロアの研究に適用しようとする際には、農民や文字が読めない階層を無視しないことが更に強く要請される、ということである。というのは、民衆の伝承は、栄養過剰で神経過敏な現代のウィーンやロンドンやニューヨークの人々が置かれている状況よりもむしろ、中・東部ヨーロッパの農民のそれと似た状況のうちで発生したものだからである。

比較を明確にするために、子供時代をいくつかの時期に分け、その各々の時期について二つの社会の場合を記述し比較することにしよう。家族生活の過程をはっきりと区別できるいくつかの段階に分けることは、中核コンプレックスを取り扱う際に重要なことである。というのは、精神分析は——実はこの点に精神分析の主な貢献があるのだが——人間精神にいくつかの層があることを明るみに出し、それらの層の各々が子供の成長の諸段階にほぼ対応していることを示しているからである。性欲のはっきり区別できる諸時期、危機とそれにともなう抑圧と記憶喪失――それによってある種の記憶は無意識の領域へと追放される――、これらはすべて子供の生活史がいくつかの時期にはっきりと区分できることを意味している。原注5 われわれの目的にとっては、生物学的社会学的基準で定義できる四つの時期を区分することで十分だろう。

1　乳児期、この時期には子供は、栄養を母乳に依存し、安全を親の保護に負うており、独力で動きまわることもできなければ、自分の願望や考えを言葉で表現することもできない。これは誕生から離乳までの期間であるとしておこう。未開人の間ではこの時期は二、三年間続くが、文明社会ではそれよりはるかに短く普通一年くらいである。しかしいずれにしても、子供時代を幾つかの段階に分ける際には生物学的な指標を用いる方がよい。この時期の子供は肉体的に家族にしばりつけられている。

2　幼児期、この時期には子供は母親に結びついており自立して生きることはできないが、すでに動きまわりしゃべり母のまわりで自由に遊ぶことができる。この時期は三、四年間であり、六歳頃に終ると考えておこう。これは家族の絆からの漸進的な分離がはじまる時期でもあり、子供は家族から離れて動くことを学び自立しはじめる。

3　少年期、これは相対的な独立を獲得して他の子供たちとうろつき遊びまわる時期である。これはまた、あらゆる民族、あらゆる社会階層において、子供が社会の完全な成員権を獲得すべく手ほどきを受ける時期でもある。ヨーロッパ、ことに大陸部や他の諸民族の間では、農民や労働者の子弟は将来の経済生活について学ぶべく年季奉公に出される。他方西ヨーロッパやアメリカでは、子供たちはこの時期に学校生活を開始する。この時期は、家族の影響からの離脱の第二段階であり、生物学的には思春期の到来とともに幕を閉じる。

4　青年期、生理学的な意味での思春期と社会的な意味での成人との間の時期。多くの未開社会においてこの時期は成人式の重要な儀礼によってきわ立っており、他の社会では、それは少年少女が部族の法と秩序の影響下に入る時期である。現代の文明社会においては、それは、高等教育や将来の職業のための最終的な訓練の時期である。子供が家族生活の圏内からまったく離脱するのもこの時期である。未開人やヨーロッパの下層民の間では普通この時期は、結婚による新しい家族の創始をもって幕を閉じる。

原注1　拙著『原始心理における父』（『Psyche Miniatures』誌収録）、一九二七年（邦訳あり）、及び「バロマ、死者の霊」（Journal of Royal Anthropological Institute, 一九一六年収録）参照。

2　彼等の生活の経済的側面については、拙稿「未開経済」（Economic Journal 一九二一年、収録）および『西大平洋の遠洋航海者』（邦訳あり）の第二章と第六章を参照されたい。法的な側面については、拙著『未開社会における犯罪と慣習』（邦訳あり）において詳細に論じておいた。

3 「われわれ自身の」文明という表現で私はヨーロッパとアメリカの社会一般を意味しているのであるが、私が主として念頭においているのは、精神分析学の諸結論の基礎となっている大陸の平均的なタイプの家族である。西ヨーロッパと北米の社会の上層部において、ローマ法や大陸における慣習的な法観念よりもメラネシアのそれにより近い母権的な状態へのゆるやかな移行が行なわれつつあるかどうかについて、ここであえて予言しようとは思わない。ただ、もし本書の主張が正しいとすれば、家父長制的な体制の弱体化や性的な事柄における若干の現代的な変化(ペッティング・パーティ等)は、家族内における情操の諸形態に深い影響を及ぼさずにはいないだろう。

4 東ヨーロッパの農民の生活、慣習、心理等に関する私自身の個人的な知識によれば、親の子に対する態度および子の親に対する態度に関しては、同じ社会の文字が読めない階層と教育ある階層との間に大きな相違があることは確かである。

5 幼児性欲に関するフロイト教授の論述においては、この時期をいくつかの明確な段階に区分することが基本的な役割を演じているにもかかわらず、このテーマに関する彼のもっとも詳細な著作(『性理論に関する三つの論文』第五版)においては連続的な諸段階の図式は明確にされていないどころか、はっきりそれとして記述されてすらいない。そのために、この本は精神分析の素人にとってはいささか理解しにくいものとなっているし、あきらかな矛盾やあいまいさも生じているが、その点については私はまだ十分な解決を見出していない。ブリュ-ゲルの、他の点ではすぐれている精神分析の解説書（前掲書）にも同じ欠陥がみられる。このことは同書が精神分析の理論を明確にし体系化しようと意図しているものであるだけに惜しまれる。同書を通じて、「子供」という語はあるときは「乳幼児」の意味で、あるときは「思春期の青年」の意味で用いられるといった具合で、原則として前後の脈絡から意味を推察しなければならない。この点に関して、本書で提出した大まかな分類が何ほどかの役に立つことを希望しておきたい。

Ⅲ　家族劇の第一幕

哺乳類の一般的な特徴として、子供は生れてすぐは自由でもなければ独立してもいず、栄養、安全、暖かさ、清潔、身体の安楽さなどを確保するために母親に依存している。母と子の様々な生理学的条件はこの事実に対応するよう形成されている。生理学的にみれば、母親は子供に対して情熱的で本能的な関心をもっており、他方乳児は、母体への、つまり母体の暖かさや母の腕による支えや、とりわけ母の乳房に触れ乳を飲むことへの強い願望をもっている。最初のうちは両者の関係は母親の側からの選択的な愛情によって支えられている——乳児の方は授乳できる女でさえあれば満足するかも知れない——が、母親にとっては彼女自身の子供だけが可愛いのである。しかし子供の方も間もなく区別するようになり、彼の愛着も母親のそれと同様に排他的個人的なものになる。このようにして、誕生は母と子の生涯にわたる絆を形成するのである。

この絆は最初のうちは、哺乳類の赤ん坊が独力で生きることができないので種の保存は母性愛というもっとも強い本能にかかっているという生物学的事実に基づいている。しかし程なく社会が介入して、自然の強大な声に最初のうちは自分自身のかすかな命令をつけ加える。文明と未開とを問わずすべての人間社会において、慣習や法や道徳、ときには宗教さえもが、早くも妊娠のはじまりの時期に母と子の絆の存在を認める。母親のみならず時には父親さえもさまざまなタブーや規則をまもったり、子宮の中に居る新しい生命の福祉と関係のある儀礼をとり行なったりしなければならない。誕生はつねに重大な社会的事件であり、しばしば宗教に関連した数多くの慣習にとりまかれている。このように、母と子の間の絆といったもっとも自然でもっとも直接的に生物学的な絆ですら、生理学的だけでなく社会的にも決定されているので、社会の伝統やしきたりの影響に言及することなしにはそれについて記述することができない。

われわれ自身の社会における母子関係を決定する社会的要因を簡単に要約し特徴を述べ

てみよう。母性は文明の道徳的・宗教的な範型であるばかりでなく、芸術的な範型ですらある。妊婦は法や慣習によって保護されており、神聖な対象とみなされるべきなのであり、彼女自身も自分の状態を誇らしく幸福なものと感じなくてはならない。この範型が実現可能なものであることは、歴史的・民族誌的な資料が立証している。現代ヨーロッパにおいてすら、ポーランドの正統派ユダヤ教徒の社会はこの理念を実践に移していて、彼らの間では妊婦は真の尊崇の対象であり、自分の状態を誇らしく感じてもいる。これに対してキリスト教アーリア人の社会では、妊娠は、下層の人々の間では重荷や厄介者とみなされ、上層の人々の間では当惑、不快、さらには日常的な社会生活からの一時的な追放の原因となる。母親の妊娠中の態度が彼女が将来子供に対して抱く情操に重大な影響を及ぼすものであり、しかもこの態度は環境に大きく左右され社会の価値観に依存しているので、この社会学的な問題をさらにこまかく研究してみることが必要である。

誕生に際しては、社会は、母親が有する生物学的なパターンや先天的な衝動を承認し強化し、慣習や道徳上の規範や理念などを通じて、母親を子供の乳母に仕立てる。そしてこのことは、ヨーロッパのほとんどの国に上層下層を問わず広くあてはまるのである。しかし、かくも基本的であり生物学的にかくも安定した関係においてすら、慣習や先天的な衝動の弛緩が常軌からの著しい逸脱を許しているような社会もある。たとえば、生後一年間かそこら子供を金でやとった乳母のところに預けてしまうというやり方は、かつてフランスの中流階級に広く行きわたっていた習慣である。これとほとんど同じくらい有害なものに、乳母をやとうか人工食を用いるかして母の乳房を保護しようとする慣行があり、かつて富裕な階層で広くみられたが、現在では普通不自然なこととして非難されている。母性の在り方は、民族的経済的道徳的相違につれて多様なので、ここでもまた母性の真の姿を明らかにするために社会学者の参加が必要となる。

次に、太平洋の岸辺の母系制社会における母と子の関係を検討してみよう。メラネシアの女たちは例外なく自分の子供を熱望し、社会は彼女らの感情に賛同し、彼女らの傾向を慣習やしきたりによって強化したり理想化したりする。妊娠の最初の瞬間から、未来の母親は、数多くの食物に関するタブーやその他のきまりをまもることによって未来の子供の福祉に気を配るよう要請される。妊婦は慣習によって崇敬の対象であるとみなされており、この理念は原住民の実際の行為や感情によって十全に実現されている。はじめての妊娠に際しては、念入りな儀礼がとり行なわれる。この儀礼の目的はこみ入っていていくぶんはっきりしない点もあるが、ともかくも妊娠という出来事の重要性を強調し、妊婦に栄誉を与えている。

出産のあと一カ月間ほど母子はひとつの小屋の中に隔離され、母親はひたすら赤ん坊の面倒をみ、乳を与える。この間、親族の女たち数人だけが小屋に入ることができる。普通には養子縁組はきわめてまれであり、たまに行なわれる場合でも、離乳が終った後でしか行なわれないし、また非常に近縁の親族の間だけで行なわれ、まったくの他人との養子縁組はない。母子を儀礼的に洗うこと、母親がまもらなければならないタブー、赤ん坊を紹介するための訪問などの数多くのしきたりは、自然の絆の上に加えられる慣習の絆で母と子を結びつけるのだ。[原注1]

このようにして、いずれの社会においても、本能による生物学的な調節に、慣習や道徳や作法などといった社会的な力が加えられ、それらすべてが、母と子を結びつけ彼らに情熱的な親密さを育てる機会を与えるという同じ方向にむかって共働しているのである。社会的な力と生物学的な力との間のこの調和はまったき満足感と無上の喜びの源である。出産の外傷によって破れた母胎内における幸福な状態を再現するために、社会は自然と共働しているのである。ランク博士は、精神分析の発展に対する重要な寄与であることがすでに立証されているある著書において、[原注2]子宮内での生活とその記憶が後の生活に対してもつ意義を明らかにしている。出産の〝外傷〟(trauma)という語でわれわれが何を意味しようとも、誕生後の数カ月が、生物学的力と社会学的力の働きによってある至福の状態を実現し、かつ、この状態は離乳の〝外傷〟によって破壊されるという点については疑問の余地がない。こうした事態からの例外的な逸脱は、文明社会の上層階級においてのみ見られる現象である。

この時期においては、父権的な家族と母系的な家族の相違は父と子の関係の方に（母と子の関係におけるよりも）より大きく現われている。しかも、生物学的な絆としての父子関係が知られておらず、母系制が行なわれているこの未開社会においては、どちらかといえばわれわれの予期に反して、父親は、われわれの社会の普通の場合よりもはるかに親密な関係を子供との間に保っているのである。われわれの社会では父親は、幼児の生活においてはごく小さな役割しか持っていない。富裕な父親は、慣習やしきたりや作法などのせいで育児室に入れないし、農民や労働者は一日の大半子供を妻にまかせておかざるを得ない。そして、子供が注意を惹こうとしたり時間をとったりすることに父親が腹を立てることはあっても彼が幼児を助けたり干渉したりすることはあまりない。

メラネシア人の間では〝父子関係〟は純粋に社会的な関係である。この関係を構成する要素の一部は、妻の子供に対する夫の義務である。すでに引用したように、彼は〝子供を自分の腕に引き受け〟なければならない。遠出の旅の途中で母親が疲れれば、父親は赤ん坊をはこばなければならないし、家にいるときにも育児の手助けをしなければならない。父親は赤ん坊の生理的な必要を充たすよう世話してやったり体を清潔にしてやったりする。

そして原住民の言語には、父子関係や父親の労苦、その労苦に対して子供が感謝する義務があること、などに触れる多くの慣用的な言いまわしがある。トロブリアンドの典型的な父親は勤勉で良心的な育児係であり、そのことによって父親は、伝統の中に表明されている義務の呼びかけに応じているのである。とはいうものの実は、父親は常に子供に関心を寄せており、その関心は時には熱烈なものである、それ故彼はすべての義務を喜んで熱心に遂行する。

かくして、父権的な関係と母系的な関係をこの早い時期で比較すると、相違の主な点は父親をめぐって現われる。われわれの社会では父親は画面からはずされているか、せいぜいあまり重要でない役割を受け持っているに過ぎない。トロブリアンドにおいては父親ははるかに積極的な役割を果すが、このことは彼に子供との間に愛情に充ちた絆を形成する大きなチャンスを提供するという点で特に重要である。いずれの社会においても、多少の例外はあるとしても、生物学的な傾向と社会的な状況との間に葛藤が生じる可能性はこの時期にはほとんどない。

原注1　出産の後母親が従わなければならない重要なタブーのひとつは性的な禁欲である。この慣習に関する原住民達の気高く道徳的な見解の美しい表現については、G・ピット・リヴァーズの『民族の接触と文化の衝突』一九二七年、八章三節、参照。

2 『出産の外傷』一九二四年。精神分析の最近の動向を受け入れることができないだけでなくその意味するところを理解することすらできない筆者が、ランク博士の著書の結論を全然受け入れることができないことは言うまでもなかろう。

Ⅳ 母権制における父性

われわれは、子供がすでに乳離れし、歩いたり話したりし始める時期にさしかかった。とはいえ生物学的には、子供はまだ母親の身体から徐々に独立しつつあるに過ぎない。子供は依然として母親の存在を、彼女の身体との接触ややさしい抱擁を熱烈に求めて母親にまといつく。

これは自然な生理学的な傾向であるが、われわれの社会においてはいずれかの段階で、子供のこの願望は妨げられ反対を受ける。まず最初に、目下われわれが扱っている時期は離乳の過程を通して幕をあけられるのだという点を確認しておこう。乳児期の生の至福に充ちた調和は、離乳によって破壊されるか、あるいは少なくとも変形されるかする。上層階級では、離乳は、子供にショックを与えないように準備され、徐々に行なわれ調節されている。しかし、われわれの社会でも下層階級の女の場合には、離乳はしばしば母親にとっても子供にとっても苦痛をともなうものである。もっと後になって、子供のうちに注目すべき変化が起こる時期になると、また別の障害が母子の親密な関係に介入してくる。子供は一人で動けるようになり、一人で食べ自分の感情や考えのあるものを表現できるようになり、理解し観察するようになる。上層階級では育児室の手はずがととのえられ、母と子は徐々に引き離される。この場合にはショックは避けられるが、子供の生にひとつのギャップ、思慕の情、充たされない欲求を残す。子供と両親がベッドを共にする下層階級では、一定の時期が来ると、子供は当惑の原因になり邪魔者となるので、さらにあからさまでひどい排斥を経験する。

ニューギニアのサンゴ島における母と子の未開な関係はこの段階では、われわれの場合と比較してどうだろうか。まず第一に、離乳はわれわれの場合よりもっと遅く、子供がすでに独立していて、走りまわることができ、ほとんど何でも食べることができ、他の関心事に気を取られるようになった時期に行なわれる。言い換えれば、離乳は子供がもはや母親の乳を欲しがりもせず必要ともしない時期になってから行なわれるので、最初の苦痛に充ちた経験は避けられる。

「女家長制」つまり母親による支配は、きびしく恐るべき「がみがみ女の母親」を生んではいない。トロブリアンドの母親はこの段階でも以前の段階同様に、愛情をこめて子供を連れ歩き、愛撫し、一緒になって遊ぶし、道徳も慣習も彼女がそうすることを期待している。また、子供は法や慣習やしきたりによって、母親の夫よりも母親自身により緊密に結びつけられており、夫の権利は子供のそれに従属している。それ故夫婦関係の内的な心理も異なる性質をもっていて、父親が子供を母親から引きはなすというようなことがもしかりにあったとしても、それは決して典型的な事態ではない。メラネシアの母親と典型的なヨーロッパ人の母親との間にみられるもう一つの差異は、前者の方が、子供に対してはるかに甘いということである。この時期には子供を訓練することや道徳的なしつけをするといったことがほとんどないし、そうしたことはもっと後になって外の人々の手で行なわれるのでこの時期の母子関係には、厳格さといったものが入り込む余地がないのである。このように母親によるしつけが存在しないということは、一方では、われわれの間で時折みられるような行き過ぎた厳格さを排除するが、他方では、子供の側の関心、つまり母親を喜ばして認めてもらおうという願いを弱めてしまう。ここでわれわれは、この願いがわれわれの間では親子を結びつける強い絆のひとつであり、後になって永続きのする関係を樹立するための大きな可能性を秘めたものであることを想起しなければならない。

ここで父親との関係に目を転じると、われわれの社会においては国や階層に関係なく、父親がなお家父長的な地位を占めていることが分る。[原注1] 彼は家族の長であり、リネェジの結合を支える人物であり、経済的な供給者である。家族の絶対的な支配者として彼は独裁者になりがちであり、そういう場合には、彼と彼の妻子との間にあらゆる種類の軋轢が起こる。こうした軋轢の詳細は社会環境の如何に大きく依存している。西欧文明のもとにある富裕な階層では、子供は育児の手はずによって父親から引き離されている。子供はつねに育児婦と一緒にいるけれども、通常母親の世話とコントロールも受け、そのような場合にはほとんど例外なく、母親は子供の愛情の主要な対象となる。これに対して父親が子供の世界に入り込んでくることは極くまれだし、その場合でも子供が行儀よくふるまいよいところを見せびらかし芸当をしてみせなければならない見物人か他処者としてしか入ってこない。彼は権威の源であり、処罰する人であり、それ故子供の心につきまとう恐ろしい存在となる。こうしたことの結果は普通混合したイメージを生み出す。一方では父親は完全な存在であってすべてが彼の利益のために行なわれなければならない。しかしそれと同時に彼は、「人喰い鬼」のように子供が恐れるべき存在であり、やがて子供も気がつくように、家庭生活全体は父親が快適であるようにととのえられなければならないのである。やさしく同情的な父親は容易に前者つまり半神の役割をわがものとするであろうし、尊大で融通がきかなかったり気転がきかなかったりする父親はすぐに育児室の住人の疑惑や憎しみすらかうことになるだろう。父親との関係においては母親は仲介者であり、ときにはより高位の権威である父親に子供のことを密告することもあるが、同時に父親が下す罰に反対してとりなすこともできる。中・東部ヨーロッパの農夫や下層労働者階級の、一間だけでベッドも一つしかないといった家では、結果はそれほど違わないとしても、情況は異なっている。そこでは父親は子供とはるかに密接な接触を保っているが、このことがより愛情に充ちた関係を生み出すようなことは稀れで、普通ははるかに深刻でしかも慢性的な軋轢を生じさせる。父親は疲れて仕事から戻ってきたり酔っ払って酒場から戻ってきたりすると、当然のことながら家族のものに当り散らし、妻子をいじめるものだ。そんなわけで、どこの村にもあるいは近代都市のどの貧民窟にも、家父長の残忍さのみに由来するような事件が見られる。私は自分自身の記憶の中から、農夫の父親が酔って帰宅して、まったく楽しみだけのために子供をぶったり、ベッドからひきずり出して寒い夜の戸外に追い出したというような例を多数引用することができる。

一番めぐまれた場合でも、労働者である父親が帰宅したら、子供たちは騒々しい遊びをやめて静かにし、子供らしい喜びや悲しみの自然な表現は抑えなければならない。こうした貧しい家庭においても父親は処罰の究極的な源であるのに対し、母親は仲裁者としてふるまい、しばしば子供にむけられた罰を自分も一緒に受ける。加うるに、貧しい家庭では父親の扶養者としての経済的役割や社会的な力はより早くより明確に認められ、それらが父親自身の個人的な影響と同一方向にむかって作用する。

この段階におけるメラネシアの父親の役割は、ヨーロッパの家父長のそれとは大きく異なっている。第Ⅲ章において私は、夫として父としての彼の社会的位置と家庭生活で彼が果す役割とを簡単に素描しておいた。彼は家長ではなく、親族内における自分の位置を子供に継がせることもできず、主な扶養者でもない。このことは妻に対する彼の法的な権利や個人的な態度を（ヨーロッパにおける夫のものとは）まったく別のものにする。トロブリアンドの男は妻と争うことはほとんどないし、彼女に対して残酷にふるまうようなこともきわめて稀れであり、まして永続的な独裁者ぶりを発揮するなどということはけっしてできない。性的な同棲すらも、われわれの場合と異なって、土地の法や慣習によっては妻の義務であり夫の特権であるという風には見なされていない。トロブリアンドの住民たちは伝統的に、夫は妻から性的奉仕を受けているのであり、彼はそれに値しかつそのお返しをしなければならない、という見解をとっている。事実、この義務を果す方法のひとつは――それは主たる方法なのであるが――妻の子供の面倒をみ、彼らに愛情を示すことである。トロブリアンドには、こうした原則を一種の自由な形の伝承に込めているような慣用的な表現がたくさんある。子供が乳幼児の頃には夫は愛情に充ちたやさしい育児人であり、もっと後になって子供時代の初期には子供と遊び、連れてまわり、子供が面白がるようなスポーツや仕事をおしえる。

このようにして、種族の法や道徳や風習などの伝統や組織の影響力のすべてが結びついて、男が夫として父としての役割を果す際に家父長のそれとはまったく異なる態度をとるようにしむける。これらのことはいくぶん抽象的に定義されざるを得ないが、生活から遊離した単なる法的な原則といったものではけっしてない。それは日常生活のあらゆる細部にみられるし、家庭内のすべての人間関係に浸透し、そこにみられる情操を支配している。子供たちは、母親が夫に服従させられていたり残忍に取扱われたりみじめに頼りきっていたりするのを見ることはまったくない。このことは、母親が首長のもとへ嫁いだ平民の娘の場合でも同様である。子供たちが父親の重圧を感じるようなことはまったくない。なぜなら父親は彼らの親族ではないし、彼らの所有者でもなければ扶養者でもないのだから。彼はいかなる権利も特権ももっていない。しかしながら、正常な父親が世界中でするように、彼も子供たちに強い愛情を抱いており、この愛情は、伝統的な義務と一緒になって、彼に子供たちの愛情を獲得しそのことによって彼らへの個人的な影響力を保持しようと努めさせるのである。

ヨーロッパにおける父—子関係とメラネシアにおけるそれとを比較するにあたっては、社会学的な要因と同時に生物学的な要因にも留意する必要がある。生物学的にみれば、普通の男のうちには自分の子供に対して情愛のこもったやさしい感情を抱く傾向が疑いもなく存在している。しかしこの傾向は、子供が親にもたらす多くの難儀をしのぐほど強くはないと思われる。それゆえ、社会が介入して、たとえば、父親は絶対的な主人であり、子供たちは彼の利益と喜びと栄光のためにのみ存在すべきであると宣言するとき、この社会的な圧力は、自然な愛情と、厄介者を耐え難く感じる自然な傾向との間の幸福な均衡をくずすように天秤をかたむける。他方、母系制社会は子供の愛情を要求する権利も特権も父親に与えないので、父親は自分の努力によってそれを獲得しなければならない。さらに、この同じ未開社会においては、父親の神経の緊張や野心や経済的責任などが少ないので、彼は自由に父親としての本能の要求に従うことができる。こういうわけでわれわれの社会においては、生物学的な力と社会学的な力との間の調整は、子供時代の最初期には満足すべきものであるが、後になると調和の欠如を示しはじめる。

父権制は父親に、彼の生物学的な傾向や彼が感じることができ、かつ子供のうちに生じさせることのできる愛情と不釣合な社会的権利や特権を与えており、このために父権制は、すでに見たように、家庭内の葛藤の大きな源泉となるのである。

原注1　ここで再び現代のアメリカとイギリスの家族は除外しておきたい。そこでは父親は家父長的な地位を失いつつある。しかし状況はまだ流動的なので、ここでは彼等を考慮に入れないで

おくのが無難だろう。いずれにしても私は、将来の世代は妻のシリに敷かれた弱々しい父しか知らなくなり、精神分析は「エディプス・コンプレックス」の概念を彼等に当てはめることは期待できないのではないかと思う。子供達はそうした父親に対しては憎しみや恐れではなく寛大な憐憫の情を抱くだろう。

V 幼児期の性欲

フロイトや精神分析家たちと同じ問題を考察しているにもかかわらず、私は今までのところ性というテーマを避けてきた。これは、一部分は私の考察の社会学的な側面を強調するためであり、また、母子間の愛情の性質あるいは「リビドー」について机上で議論の余地のある特徴づけを行なうことを避けるためでもあった。しかし、この段階に至ると、子どもたちは一人で遊びはじめ、周囲の人々やその人々がしていることへの関心を育て始めるので、性欲ははじめて、外側からの社会学的な観察でとらえることができるような姿であらわれるし、家庭生活にも直接影響を及ぼすようになる。原注1 ヨーロッパの子どもたちの注意深い観察者や自分自身の子ども時代を忘れていない人は、早い時期に、つまり三歳から四歳の間に、彼らのうちに特別な種類の関心と好奇心が芽生えることを認めるに違いない。

合法的で正常で「立派な」事柄から成る世界とならんで、恥ずべき願望や秘密にすべき関心や隠された衝動などの世界が開ける。事物の二つのカテゴリー、すなわち、「上品なもの」と「下品なもの」、「純粋なもの」と「不純なもの」といったカテゴリーが結晶しはじめる。そしてこれらのカテゴリーは生涯を通じて人の心に生き続けるべく運命づけられているのである。ある人々の内では、「下品なもの」は完全に抑圧され、上品さという正当な価値は毒気をはらんだピューリタンの徳へと肥大するか、あるいは因習的道徳というさらに嫌悪すべき偽善へと肥大する。他の場合には、「上品なもの」は好色な欲求を過剰に満足させているうちに窒息してしまい、「下品なもの」は、偽善的な「徳」と同様に嫌悪すべき淫乱な精神状態へと展開する。

われわれは今や子供時代の第二の段階、私の図式によればおよそ四歳から六歳にかけての時期を考察の対象としているのであるが、この段階においては「下品なもの」は、排泄作用への関心や露出症や、下品な露出を伴い、しばしば残酷さと結びついている遊びなどに集中している。それは両性間の区別をほとんどせず、生殖行為にも関心を持たない。農民の間に長く暮らしたことがあり彼らの子ども時代に通じている人なら誰でも、上に述べたような事態が公然のこととしてではないが正常なこととして存在していることを認めるだろう。労働者階級においても事情は同様であると思われる。[原注2] 上層階級においては、「下品なもの」ははるかに強く抑圧されるが内容的にはさほど異なってはいない。こうした社会階層での観察は、農民の間での観察よりも困難ではあろうけれども、教育学的、道徳的、優生学的な理由から早急に行なわれるべきであり、適切な調査方法が考案されるべきである。そうした調査の結果は、フロイトとその学派の主張のあるものを極めて大幅に立証するものとなるだろう。原注3

新たに目覚めた幼児期の性欲あるいは幼児期の下品さは幼児と家族員との関係にどのような影響を及ぼすだろうか。「上品なもの」と「下品なもの」という区分においては、両親、ことに母親は完全に第一のカテゴリーに含められ、子どもの心においては下品なものとは絶対的に切り離されたままでいる。母親が幼児のわいせつな遊びに気づくかも知れないという考えは子どもにとっては極端に不愉快なものであり、性的な事柄を母親がいるところでほのめかしたりそうしたことについて母親と話したりすることへの強い反発がある。父親は、厳格に「下品なもの」のカテゴリーの外に位置づけられているだけでなく、そうした考えや遊びに腹を立てるであろう道徳的権威であるとみなされている。というのは、「下品なもの」は常に罪の意識を伴っているからである。原注4

フロイトと精神分析学派は、母親と娘、父親と息子、各々の間の性的な抗争を非常に強調してきた。私自身は、母親と娘との抗争はこの初期の段階では起こらないと考える。いずれにしても私はその形跡を見たことがない。父親と息子との関係はもっと複雑である。すでに述べたように、幼い子どもは自分で「下品なもの」に属していると感じるような考えや欲求や衝動は母親に対しては持たないが、幼い身体が母親との身体的な接触に性的に反応することは疑う余地のない事実だ。[原注5] 例の世間話の中で農民の社会の若い母親によく与えられる衆知の忠告によれば、三歳以上の男の子は母親とは離して寝かせるべきであるという。幼児の勃起や男の子が女の子とは異なるやり方で母親にしがみつくという事実は、それらの社会では誰もが知っていることなのである。そのような状況のもとで父親と男の子とが性的な抗争の種をもっているであろうことは、外部からの社会学的な観察者にとってすら、十分に可能なことと思われる。精神分析学者はこのことを無条件に主張する。富裕な階層においては露骨な葛藤はあるとしてもごくまれであり、普通は想像の世界で、より目立たないというのではないとしても少なくともより洗練された形で起こる。子どもが性別によって異なる性格や気質を示しはじめるこの段階に入ると、両親の感情の方も息子に対すると娘に対するとで異なってくる、という点に注目することが必要である。父親は息子のうちに、自分の後継者すなわち親族集団と家庭の中で彼にとってかわるべき者をみる。それゆえ彼は息子に対してなおさら批判的になるが、このことは彼の感情に二つの方向で影響を及ぼす。もしも男の子が知的・肉体的欠陥をもっていれば、言い換えれば、もしも男の子が父親の信じている理想に達しなければ、彼は父親にひどい失望と敵意を感じさせるだろう。また、この段階においてもすでに、いくばくかの抗争、将来とって代わられることへの恨みや衰え行く世代の憂うつなどが敵対関係をもたらす。いずれの場合にも抑圧されてはいるが、この敵意は息子に対して父親を硬化させ、反動として息子の側の敵意ある反応を呼び起こす。これに対して母親の方は、否定的な情操を育てる地盤がないだけではなく、逆に将来の男としての息子に対する賞賛の気持までもっている。娘――自分自身の女性の形におけるくりかえし――に対する父親の感情はほとんど間違いなくやさしい情動を惹き起こし、たぶん彼自身の虚栄心を喜ばせる。こういうわけで、社会学的要因は生物学的要因と協働して、父親が息子に対してよりも娘にやさしく愛着するようにする。母親の場合にはその逆になる。しかし次の点に留意しておかなければならない。つまり、異性の子供に感じる魅力は、その子供が異性だからというだけの理由で必ずしも性的魅力だとはかぎらない、ということである。

メラネシアの子供は、これとはまったく異なる型の性的成長の過程をたどる。そこにおいても生物学的な衝動は本質的には同じであるということは疑う余地がないと思われる。にもかかわらず、私は、幼児期のわいせつさとでも呼ぶべきものの形跡、あるいは子供たちが排泄作用や露出症をめぐって秘密の遊びにふける隠れた世界のいかなる形跡も見出すことができなかった。この主題には当然のことながら観察のむずかしさということがつきまとう。というのは、未開人の子供と個人的なコミュニケーションを行なうことは困難だからである。それに、もしわれわれの間にあると同様のわいせつなものの世界があったとしても、それについて成人した平均的な原住民にたずねることは、われわれの社会において保守的な母親や父親や乳母にたずねるのと同じくらい無駄なことだろう。とはいえ、これらの原住民の間の事態を誤解の余地もなく（われわれのものとは）まったく異なったものとしてしまう事情がひとつある。それは、われわれが考察の対象としている段階よりもいくぶん遅れて、およそ五歳から六歳頃に性器タイプの幼児性欲[訳注18]が姿をあらわしたとき、それに対して抑圧も検閲も道徳的な非難も行なわれないということである。それゆえ、より早い時期にわいせつさのあらわれがあるとすれば、それも後の時期の性器段階の性的遊戯同様に容易に観察できるはずである。

それではわれわれは、フロイトが「先―性器的」あるいは「肛門性欲的」関心と呼ぶものが未開人の間にみられないという事実をどのように説明すべきだろうか。このことは、メラネシアの子供たちとわれわれの子供たちが本質的な相違をみせる次の段階の性欲を検討すれば一層よく理解できるだろう。

原注1　幼児性欲や児童心理学に関心のある読者は次の諸著作を参照されたい。A・モル著『児童の

性生活』一九〇八年、ハヴロック・エリス『性心理学研究』(一九一九年版、一三頁以下、一九一〇年版第一巻、三六頁以下、二三五頁以下、その他)。プロス・レンツ著『諸民族の風俗と慣習における子供』ライプチッヒ、一九一一―一二。シャルロッテ・ビューラー著『少年の精神生活』一九二五年。児童心理学に関するウィリアム・スターンの著書も重要である。

2 かの誠実な社会学者ゾラはこの主題に関して、私自身の見解を全面的に支持する豊富な資料を提供している。

3 成熟期以前に性欲がみられることはごく普通のことであり、その場合の性欲には性による区別はほとんどなく、肛門性欲はみられるが、性器性欲はないというフロイトの主張は、私には正しいものと考えられる。最近の論文(『精神分析学雑誌』、一九二三年)においてフロイトは、従来の見解をいくぶん修正して、論証することなしに、この時期の子供達も結局のところすでに「性器」性欲をもっていると主張している。この点に関しては私は同意できない。

4 現代人の態度は急速に変化しつつある。現在われわれは熱心に子供達を「啓蒙し」、「性」を子供達のためにきちんと準備されたものにしている。とは言うものの、まず第一にこれはイギリスやアメリカの「インテリ」の間ですら少数派にしか当てはまらないという点に留意しておかなければならない。次に、性的な事柄に関するとき子供達が感じるきまり悪さや両親に対するぎこちない態度がこうしたやり方で克服できるものかどうかについては、私はまったく確信がもてない。日常的な交渉に基礎をおく安定した人間関係から、劇的で混乱を招く神秘的・情動的な要素を排除しようとするのは大人の間においてすら一般的な傾向であるように思える。本質的には「抑圧されていない」トロブリアンド島人すら性的な秘密を親に打ちあけようとはしない。日常生活であまり親密に結ばれていない友人、知人に微妙で恥かしい告白をする方がはるかに易しいということは注目に値する。

5 一九二二年にこれを最初に書いて以来、私はこの点に関する意見を変えた。「幼い個体は母親との緊密な肉体的接触に対して性的に反応する」という記述は今の私には馬鹿げたものと思える。その馬鹿げた記述をしたのは私自身なのだから、私は喜んでこの強い表現を用いたい。幼児心理学のこの時期の適切な分析と思われるものを私は、第四部第九章に展開しておいた。

Ⅵ　生活の見習い

次に、子供時代の第三の段階、五歳から七歳の間に始まる時期に入ろう。この時期になると子供たちは、自立したと感じ始め、自分自身の遊びをつくり出し、同年輩の仲間を探して大人にわずらわされることなく一緒に遊びまわるようになる。それは、遊びがもっとはっきりした仕事となり真剣な関心となる時期でもある。われわれの社会におけるこの段階を跡づけてみよう。ヨーロッパでは、入学、あるいは学校教育を受けない階層では生業への一種の予備的な年季奉公が子供を家族の影響下から引き離す。男の子も女の子も母親への排他的な愛着のいくぶんかを失う。男の子の場合にはこの時期に、母親の代理への情操の転移が行なわれ、代理となる人物はこれ以後しばらくは、母親に対して感じられていたような熱烈な愛情を注がれることになる。しかしこの場合にはそれ以外の感情はまじらない。こうした転移を、ずっと後になって思春期の少年たちが年上の女性と恋に陥りやすいというあの傾向と混同すべきではない。この転移と同時に、すべてを所有しようとするあまりの親密さ、つまり母親の愛情から自由になりたいという願望が生じて、母親に対する絶対的な信頼をさしひかえさせる。

母親からの解放の過程は、農民や下層階級の間では上層階級の場合より早い時期に始まるが、本質的には同じである。母親が子供、ことに男の子に対して強い愛着を抱いている場合には、彼女はこの離脱に対して嫉妬と恨みを感じて妨害しようとしがちなものである。しかしそうした試みは普通苦痛を一層はげしくするだけに終る。

西太平洋のサンゴ礁の岸辺の子供たちもこれと同様の傾向を示す。この傾向はそこではむしろよりはっきりとあらわれる。というのは、この年齢では義務教育もなければ厳格な訓練もないのでより自由に幼児の性質の自然な傾向に従ってふるまうことができるからである。しかも母親の側には、子供の新しい自立に対して嫉妬を含んだ恨みも不安もみられない。これは、母親と子供の間に教育をめぐる深い関心がないということの影響であろう。この段階に入ると、トロブリアンド諸島の子供たちは、社会の中に少年少女の小さな集団を形成しはじめる。彼らは隊を組んで徘徊し、遠くの海岸やジャングルの中の人里離れた場所で遊び、近隣の村から来た子供たちの小さな集団と合流したりする。そしてこうしたことすべてに際して、彼らは自分たちの指導者の命令には従うけれども、大人の権威からはほとんどまったく独立している。両親は彼らを連れ戻そうとはしないし、いずれにしても干渉したり日常的な仕事にしばりつけたりしようとはしない。もちろん、はじめのうちは家族は子供に対してかなりの影響力を保っているが、解放の過程は、妨害を受けない自然な形で徐々にしかし絶えまなく進行する。

この点においては、ヨーロッパの事情とメラネシアの事情との間に大きな相違がある。ヨーロッパにおいては子供たちはしばしば、家庭生活の親密な雰囲気から学校の冷たい規律や他の予備的な訓練に移行するのに対して、メラネシアでは解放の過程は連続的で自由で喜ばしいものである。

それではこの段階における父親についてはどうだろうか。われわれの社会においては——ここでもイギリスとアメリカの近代的な家族生活のある面は除外しておく——父親は依然として家族内の権威を代表している。家庭の外、つまり、学校や工場や、農民の子供がしばしばさせられる初歩的な筋肉労働などにおいては、権力をふるうのは父親その人か彼の代理である。上層階級においてはこの段階で、父親の権威と理想像とを意識的に確立しようとするきわめて重要な努力がなされる。今や子供たちは彼らがそれまでに臆測し予感していたもの——家長としての父親の確固とした権威と経済的な影響力——をはっきりと理解し始める。無謬性、智慧、正義、力などから成る父親の理想像は、宗教的道徳的な教育のうちで、母親や乳母によって、さまざまな程度や仕方で子供のうちに植えつけられる。理想像としての役割を果たすのはやさしいことではない。ことにそれを日常生活の親密な関係の中で保つということは実際きわめてむずかしいことである。不機嫌や愚行を修養によって抑制することのできない者にとってはことにそうである。こういうわけで、父親の理想像は形成されたとたんに崩解しはじめる。最初のうち子供は、父親の不機嫌や弱点に対しては漠然とした不快を、彼の怒りには恐れを、不正に対してはおぼろげな反感を、そして父親が本当に不機嫌を爆発させたときにはおそらくいくぶんかの恥しさを、感じるだけだろう。間もなく典型的な父親―情操が形成される。この情操は相対立する情動に充ちており、尊敬と軽蔑、愛着と嫌悪、やさしさと恐ろしさ、などの混合物である。子供時代のこの時期になると、父権制に由来する社会的影響の跡が、男親に対する子供の態度にみられるようになる。男の子と父親の間では、後継者と取ってかわられる者との抗争やさきに述べたような相互の嫉妬がよりはっきりと結晶し、父親―息子の関係において、父親―娘の関係におけるよりも、否定的な要素をより支配的なものとする。

下層階級においては父親を理想化する過程はこれより露骨ではあるが同様に重要である。すでに触れたように、典型的な農家においては父親は明らさまに暴君である。母親は父親の支配に黙従しその態度を子供たちにも植えつける。こうして子供たちは、父親が体現している強大で粗暴な力を尊敬すると同時に恐れもするようになる。ここでもまた相反する情動からなる情操が形成され、かつ父親ははっきりと女の子の方を好む。

他方メラネシアの父親の役割はどのようなものだろうか。この段階ではほとんど言うべきことはない。父親は依然として子供たちの友人であり、彼らを助け、彼らが望むことを彼らが望むだけ教えてくれる。実を言うと、この段階になると子供たちは以前ほどは父親に関心をもたなくなり、一般的には自分たちの小さな仲間の方を選ぶ。しかしいずれにしても、父親は常に頼りになる助言者であり、半分は遊び友だちで半分は守護者である。

この時期になると、部族の法や権威への服従、魅力ある事柄に対する制限や禁止の遵守といった要素が、幼い少年少女の生活の中に入り込んでくる。しかし、この法と制限は父親とはまったく別の人物つまり、女家長制社会における男性家長である母親の兄弟によって代表されている。実際に権力を行使しそれをたっぷりと利用するのは彼なのである。

彼の権威は、われわれの間における父親のそれとよく似てはいるが、正確に同じというわけではない。まず第一に、彼は、ヨーロッパの父親の場合よりもはるかに遅れて子供の生活に影響を与え始める。次に、彼は家庭生活の中に親しく入り込むということがなく、他の家あるいはしばしば他の村に住んでいる。というのは、トロブリアンドの結婚は夫方居住婚なので、ある男の姉妹とその子供は夫であり父である男の村に住んでいるからである。こうして、おじの権力は遠くで行使されるので面倒な瑣事《さじ》にまで抑圧的に働くということはない。彼は、その子が男であろうと女であろうと、子供の生活に二つの要素をもたらす。ひとつは義務、禁止、制約の要素であり、他の一つは、特に男の子の場合、野心、誇り、社会的価値の要素、言い換えれば、トロブリアンド島民にとって人生を生きるに値するものにする事物の半分、である。制限あるいは抑圧の要素が介入するのは、彼が少年に仕事の手ほどきをし、奉仕を要求し、部族の法や禁止事項を教えるようになってからである。こうしたことの多くはすでに両親によって少年のうちに植えつけられているが、その際カダ（母の兄弟）は諸規則の背後にある真の権威であるとして常に引き合いに出されているのである。

男の子は六歳くらいになると母親の兄弟から、遠征について行ったり、菜園で仕事を始めたり、穀物を運ぶのを手伝ったりするよう求められる。母方のおじの村で彼の氏族の他の成員とともにこれらの仕事をしながら、少年は自分が自分自身の氏族のブトゥラに寄与しつつあるということを学ぶ。彼はまたその土地が自分自身の村であり、その人々が自分自身の身内であると感じ始めるとともに、自分の氏族の伝統や神話や伝説などを学び始める。この段階の子供は父親と一緒に働くことも頻繁にあり、彼がこれら二人の年長者に対してとる態度の違いは興味深い。父親は依然として彼の親友であり、彼は父親と一緒に働き、父親を助け、父親から学ぶことを喜ぶ。同時に彼は、そのような協働は善意に基づくのであって法に基づくものではないこと、それから引き出される喜び自体が報酬であり、協働の成果は他の氏族のものになることなどに次第に気づく。子供はまた、母親が彼女の兄弟から命令され、恩恵をほどこされ、首長の前にひざまずく平民のように、最大の敬意を払って兄弟に接しているのを見る。彼は次第に、自分が母方のおじの後継者であることや、自分がやがて姉妹——この時期にはすでにあらゆる親密な関係を禁じる社会的タブーによって自分から引き離されている——の支配者になるであろうことを理解し始める。

母方のおじは、われわれの社会における父親と同様に、男の子に対して理想化され、歓心をかう対象であり将来は手本として模倣すべき人物としてかかげられる。われわれの社会の父親をメラネシアの父親から区別する要素の全部ではないまでもほとんどが、メラネシアにおいては母方のおじに帰せられている。彼は権力をもっており理想化されており、母と子は彼に服従すべきであるのに対して、父親の方はこうしたおしつけがましい特権や性格をまったくもっていない。しかし、母の兄弟は、人生をより偉大で興味深く魅力あるものにするいくつかの新しい要素を子供の生活にもたらす。この新しい要素とは、社会的な野心、伝統的な栄誉、自分の親族への誇り、将来の富や権力や社会的地位への約束などである。

次の点を確認しておかなければならない。つまり、ヨーロッパの子供がわれわれの複雑な社会関係の中で自分の道を歩み始める時期に、メラネシアの少年少女も社会秩序の主要な基盤である親族組織の原理を把握し始める、ということである。この時期までは子供にとっては社会的世界は、家庭から広がって行く同心円、つまり家族、近隣、村落社会から成り立っていたのであるが、今や親族の原理が家庭生活の親密さを横断して、子供たちにとっての社会的世界を組織し直す。子供は同心円をなすそれらのグループの上に、あるいはそれらのグループを横切って、二つの主要なカテゴリーを区別しなければならないことを学ぶ。その一つは彼の真の親族（ヴェヨラ）から成る。このカテゴリーには、まず彼の母親、兄弟姉妹、母方のおじ、そして彼らのすべての親族が属する。これらの人々は彼と同じ実体あるいは「同じ肉体」をもつ人々である。彼はそれらの男たちに従い、協働し、仕事や戦争や個人的な争いに際しては手助けしなければならない。自分の氏族や親族の女性は性的には厳格なタブーとされる。もう一つの社会的カテゴリーは、他処者あるいはアウトサイダー（トマカヴァ）から成る。この語によって、母系の絆で結ばれていないすべての人々あるいは同じ氏族に属していないすべての人々が意味される。このグループにはまた、父親と彼の男女の親族、彼が結婚や情事の対象とできる女性がふくまれている。これらの人々、ことに父親は個人的には彼ときわめて親しい関係にあるが、その関係は法や道徳によってはまったく無視される。かくしてわれわれは一方に、社会的な野心や誇りと同時に抑圧や性的な禁制とも結びついた同一性と親族関係の意識を持ち、他方に、父親とその親族に関して、自由な友情と性的な自由と自然な情操を持つが、そこには個人的な同一性や伝統的な絆はない。

Ⅶ　子供時代後期における性欲

本章では（前章でもとり上げた）第三の時期——子供たちが自由に遊びまわっている段階で、五、六歳頃から思春期まで続き、子供時代後期とも呼ぶべき時期——の性生活の問題をとり上げることにしよう。子供時代のこれ以前の時期を取り扱った際に、私は性に関する議論と社会生活の影響に関する議論とを区別してきたが、本章においても同じ方針をとることによって、有機体と社会のそれぞれの役割を明らかにしようと思う。

フロイトによれば、近代ヨーロッパにおいてはこの年頃に、性欲の退行[訳注19]、潜伏期[訳注20]あるいは性的機能と衝動の成長の小休止とでも表現すべき、奇妙な現象が始まる。神経症のフロイト的図式においてこの潜伏期を特に重要なものとするのは、それにともなう健忘症、言い換えれば、この時期以後幼児性欲の記憶を消してしまう忘却のカーテンである。注目すべきことには、フロイトのこの重要で興味深い主張は他の研究者たちによって支持されなかった。たとえばモルは、幼児期の性に関する覚え書(きわめて透徹したすぐれた業績である)において[原注1]、性的成長における小休止については何も述べていない。それどころか、彼の説明は、子供の性欲が絶え間なく次第に増大して行くこと、それが描く曲線は少しのゆがみもなく連続的に上昇するものであることを主張している。フロイト自身が時には動揺しているように見えることも注目に値する。このようなわけで、子供時代の全時期を通じてこの時期だけが、はっきりそれと銘打って明確に書かれた章をもっていない。しかも、一、二の場所ではフロイトは、そのような時期(潜伏期)が存在するという主張すらひっこめている。[原注2]しかし、もしよく教育された生徒たちに関する私の個人的な知識からひき出した資料を立証の基礎として用いることが許されるなら、潜伏期は例外なく六歳頃に始まって二年ないし四年続くと言うことができる。この間にわいせつなものに対する関心は薄れ、それらがもっていた毒々しくはあるが魅惑的でもあった色彩は色あせ、ついには抑圧され忘れ去られてしまうが、それと同時に他方では新しい事物が関心とエネルギーを吸収すべく立ち現われる。

この事実がフロイト以外の性の研究者によって無視されたことやフロイトの見解自体のうちにみられる分裂を、われわれはどのように説明すべきなのだろうか。

われわれが今取り扱っているのが、人間の生理的な性質の中に深く根ざしている現象ではなく、まったくではないとしても相当程度社会的な要因によって規定される現象であることは明らかである。様々な社会階層を比較検討してみると、低い階層、特に農民の間では潜伏期ははるかに目立たないことが容易に明らかになる。事柄を明確にするために、前性器的幼児性欲の時期をふり返ってみて、二つの時期がどのような関係にあるのか調べてみることにしよう。第V章においてわれわれは、高い階層においても低い階層においても、幼い時期には「わいせつなもの」に対する強い関心が存在していることをみた。しかし、農民の子供たちの間では、その関心はいくぶん遅れてあらわれ、しかも多少異なる性質をもっている。フロイトが「肛門―エロティシズム」と呼ぶものの源が、上流階級の子供の場合と下層階級の子供の場合とでどのように違うかをもう一度比較してみよう。[原注3] 富裕な家の赤ん坊の育児室では、生理作用たとえば排泄行為への関心ははじめのうちは奨励されるが、やがて突然に抑えられる。育児婦や母親は、ある程度まではそうした行為を刺激しようとし、上手にできるとほめてその成果をみせたりするが、ある時期になると、彼女らは、子供がそれに関心を持ちすぎ、子供にとってはまったく自然であっても大人にとっては汚らしいと思えるような仕方で遊び始めるのに気づく。そうなると育児室の権威が介入して、子供を打ち、そうした遊びを行儀の悪いことであるとみなし、そうした関心を手きびしく抑圧する。子供が成長するにつれて、生理作用には沈黙やしかめ面や不自然さがとりまくようになり、同時にそれは不可解な魅力をおびるようになり秘められた関心の対象となる。

自分自身の子供時代の経験から、言外の意味をこめたりほのめかしたりすることがかもし出すそのような抑圧的な雰囲気がどんなに強い影響を及ぼすか、あるいはまたその意味するところを子供たちがどんなによく理解するかを記憶している人々は、「わいせつなもの」というカテゴリーは大人たちがつくり出したものだということに気付くはずである。また、自分の記憶や子供たちについての観察から、子供たちがどんなにすばやく大人たちの不自然な態度を見抜き、自らも小さな気どり屋、道徳家、俗物になるかを確かめることは容易である。農民たちの間では状況はまったく異なっている。そこでは子供たちは早い時期に性的な事柄に関する知識を得る。彼らは両親やその他の親族の性行為を見ざるを得ないし、性に関するみだらなことばや専門的な用語のありったけが列挙されるような口論に耳を傾けたりもする。彼らは家畜の世話をしなければならないが、家畜の繁殖は細部に至るまで家中の人々の重大な関心事なのであり自由にかつ詳細に議論されるのである。彼らは自然な事物の中に深く没入しているので、様々な方法でおおっぴらに楽しめることをこっそりとやって楽しみたいなどとはあまり感じない。労働者階級の子供たちはおそらくこの両極端の中間に位置している。彼らは動物と接することはほとんどないが、そのかわり、農民の子供の場合を上まわるほど寝室での実演や酒場での教育に接するのである。

富裕な階層の子供とプロレタリアの子供の場合との間にあるこの重要な相違はどのような結果を生むだろうか。まず第一に、ブルジョアの子供の間では自然な好奇心の抑圧によって助長される「わいせつさ」は、下層階級でははるかに目立たないしそれが現われるのはずっと遅くなってからであり、そのときには「わいせつさ」はすでに性器性欲の観念と結びついている。上層階級においては、「わいせつなもの」に対する関心が消え、育児室を去るとともに生活に対する新しい関心が生じてくると、潜伏期が始まりそれらの新しい関心が子供を夢中にさせる。他方では教育のある人々の子供の間で普通にみられる性に関する知識の欠如が性器に関する関心が早く始まることを妨げている。

下層階級においては、性に関する知識も性器に対する早熟な好奇心も共にあり、そのために幼い時期から性的に成熟した思春期に至るまでの連続的で安定した発育が可能となっている。

社会的な影響がこれらの要因に加わって、富裕な家庭の子供の生活にははるかに大きな断絶が生じる。六歳まで彼の全生活は楽しみのために費やされていたのに、今や突然彼らは学校に通い勉強しなければならなくなる。農民の子供はそれ以前にすでに料理の手伝いをしたり子守をしたり鵞鳥や羊のあとを追っかけたりしていた。だから今回も彼の生活には断絶は生じない。

このように、農民や労働者の子供にあっては、わいせつなものに対する子供時代初期の関心はより早く別な形で目覚めるが、それはさほど秘密ではなく、罪とも結びついていないのでさほど不道徳的なものとはみなされない。また、それはさほど「肛門性欲的」ではないのでそれだけ一層性別と結びついている。それはより容易により連続的に初期の性的な遊戯に移行するので、潜伏期はほとんどまったく存在しないか、もしあったとしてもはるかに目立たない。このことは、富裕な神経症患者を取扱った精神分析がこの時期を発見したのに、モル博士の一般的、医学的な観察がそれに気づかなかったのは何故かを説明する。

かりに階層間の相違の実態やそれをもたらした原因について疑問の余地があったとしても、そのような疑問はわれわれがメラネシアに目を転じると解消するだろう。そこにおいては事情はわれわれの社会の教育ある階層の場合とは異なる。第V章においてすでに見たようにそこには、幼い時期のわいせつな行為や秘密の遊びや関心は存在していない。実際、これらの子供たちにとっては上品―下品、純潔―不純といったカテゴリーは存在しないのだといってよかろう。こうした区別をブルジョアの間でよりも農民の間で、より弱くより重要でないものとしているのと同じ原因が、メラネシアにおいてはより強くより直接的に働いているのである。メラネシアにおいては性一般に対するタブーはない。生理作用をヴェールでおおい隠すといったこともないが、子供の場合には特にそうである。これらの子供たちが裸で走りまわっており、彼らの排泄作用はおおっぴらに自然に取り扱われていることや、身体のある部分や裸でいること一般に対するタブーがないことを考慮し、さらに、三、四歳の幼い子供たちが性器・性欲といったものに気づきはじめ、しかもそれが他の子供らしい遊戯同様すぐに彼らの楽しみの種になるということを考慮すれば、われわれはこれら二つの社会の相違を説明するのは生物学的要因ではなく社会的な要因なのであるということを理解できる。

われわれが今メラネシアについて記述している段階――それはわれわれの潜伏期に相当する段階なのであるが――は幼児が独立する段階であり、幼い少年少女は一種の児童共和国をつくって一緒に遊びまわる。これらの子供たちの主要な関心のひとつは性的なひまつぶしをすることである。幼い時から子供たちはお互い同士やちょっと年上の仲間によって性行為の手ほどきを受ける。もちろんこの段階では彼らはその行為を正しく実行することはできないが、彼ら自身は大人から自由に放任されてあらゆる種類のゲームをすることで満足しており、それを通して彼らは好奇心と好色さとを直接的にいつわることなく満足させることができる。

次の点については疑問の余地がない。つまり、これらのゲームにおける支配的な関心はフロイトなら「性器的」と呼ぶであろうようなものであり、それらのゲームは年上の子供たちや大人たちの行為と関心とを真似たいという願望によって大きく決定されるものである。この時期はヨーロッパの富裕な階層の子供の生活にはほとんどまったく欠けているが農民と労働者のあいだではほんのちょっとだけみられる。子供たちのこれらの楽しみについて話すときには人々はそれらのことを「性交遊び」(ムワイギニ・クワイタ)と呼んでいる。さもなければ「子供たちは結婚ごっこをしているのだ」と言う。

すべての遊戯が性的であると考えるべきではない。多くの遊戯は性とはまったく関係がない。しかし幼児のいくつかの特別な遊びの中では性が支配的な位置を占めている。メラネシアの子供たちは「夫と妻の役を演じる」のが好きである。男の子と女の子が一緒になって小さな隠れ場所をつくってそれを彼らの家であるという。そこで彼らは夫婦の役を演じるのであるがその中で一番重要なのはもちろん性交である。別の場合には、一群の子供たちがピクニックに出かけるが、その際の娯楽は食べたり、闘技をしたり、恋をしたりすることを含んでいる。あるいはまた彼らは儀礼的な交易の真似ごとを性行為でしめくくる。彼らは粗野な官能的な歓びだけでは満足しないようで、そうした洗練された遊戯の中では官能の歓びは空想的でロマンチックなものへの興味とまざり合っていなければならない。

子供の性欲に関連して重要なことはそれに対する年長の世代の態度である。すでに述べたように、両親はそれが非難すべきものであるとは少しも考えていない。一般に彼らはそれをまったく当り前のこととみなしている。彼らがすることといえばせいぜいそれについてふざけ半分にお互い同士で話し合い、子供の世界の恋の悲喜劇についてあれこれと論じることくらいなものである。子供たちが必要な思慮分別を示して、恋の遊戯を家の中でしたりしないでどこか離れた森の中へでも出かけて行きさえすれば、大人たちは非難して眉をしかめたり干渉したりしようなどとは夢にも思わないであろう。

それだけでなく恋愛に関する事柄については子供たちは大人からの干渉をまったく受けない。両親の干渉がないというだけではなく、男にしろ女にしろ子供に倒錯した性的興味をもつということはほとんどないし、子供が遊戯の中でそうした役割を演じることに至っては皆無である。子供を犯すということは知られていないし、子供と性的な遊びをしている大人がいたとしたら馬鹿げた嫌悪すべきものと見なされるだろう。

子供の性的関係のきわめて重要な側面はすでに触れたように兄弟姉妹に関するタブーである。幼い時から、女の子がはじめて草のスカートを身につけると、同じ母親から生れた兄弟姉妹は、彼らの間に親密な関係が生じてはならないとする厳格なタブーに従って互いに離れていなければならない。それ以前でさえ、最初に歩きまわれるようになった時から彼らは別々のグループで遊ぶのである。後になっても彼らは自由に打解けてつき合ってはいけないし、なかんずくお互いの情事に関心をもっているのではないかと少しでも疑われるようなことがあってはならない。子供の間では言動が比較的自由であるとは言っても、まったく幼い男の子ですら性を姉妹と結びつけて考えはしないだろうし、まして姉妹のいるところで性的なことについてほのめかしたり冗談を言ったりはしないだろう。このことは生涯を通じて変らない。そして、兄弟にむかって姉妹の情事について話したりその逆をするのはもっとも極端な無作法である。このタブーが課せられているために、少年少女はお互いを避けるよう両親の家を去ってどこかへ行かなければならないので、家族生活は早い時期に分裂する。こうした事実を通してわれわれは、われわれとメラネシア人のあいだで子供時代後期のこの段階の子供の性欲にみられる大きな相違に気づくのである。われわれの社会の教養ある階層においてはこの時期に性の断絶と健忘症をともなう潜伏期があるのに対して、メラネシアにおいては生殖器への関心がきわめて早期に芽生えるためにわれわれの間ではまったく知られていない性の状態が生じる。この時以来メラネシア人の性欲はゆっくりではあるが連続的に発達して思春期に達する。ただひとつのタブーがもっとも厳格かつ完全な仕方でまもられることを条件として、社会は子供の性欲がまったく自由に作用することを許しているのである。

原注1　A・モル著『児童の性生活』一九〇八年、参照。

2　潜伏期についてはしばしば言及されている。たとえば、『性理論に関する三つの論文』五版、四〇、四四、六四頁、『講義録』一九二二年、三七四頁、参照。しかしこれらの著作の中には、潜伏期を特に取り上げている論述はない。そこでもまた次のように書かれている。「潜伏期はないこともあり得るし、またかりにあったとしても、それはかならず性的活動や性欲の中断をともなっているとはかぎらない」（『講義録』、上記引用文中）。

3　私は今「肛門―エロティシズム」というような醜い新語を使いたくはないが、きちんと定義されている場合に限って、それを目下検討中の理論から借用することは無害だろう。

Ⅷ　思春期

気候条件や民族によって相違はあるが、大体九歳から一五歳ぐらいの間に子供は思春期を迎える。思春期はひとつの瞬間や転回点といったものではなくて多少とも幅をもった発育の期間であり、その間に性器や内分泌のシステムそして身体全般が大きく鋳直されるのである。年ごろにならない少女に性交が可能であり、成熟していない少年が勃起を経験しペニスを挿入できるということが知られているのであるから、われわれは思春期を性的関心や性行為が可能となるための必須条件であると考えることはできない。しかし思春期が個人の性の歴史におけるもっとも重要な境界標と見なされるべきであるということには疑問の余地がない。

この段階においては性は生活の他の諸側面ときわめて密接に結びついているので、本章においては、これまでの二つの段階の場合とは異なり、性的な事柄と社会的な事柄とを切り離さずに一緒に取り扱うことにしよう。メラネシアのトロブリアンド島民をわれわれ自身と比較するにあたっては、彼らが思春期における成人式をもっていないことに留意しておくことが大切である。このことはわれわれの議論からきわめて重要な項目をひとつ取りることを可能にするだろう。というのは、他の多くの未開社会においては成人式がこの時期をまったくおおい隠したり変形したりしているからである。

われわれの社会においてはこの段階に来ると、少年と少女は性的な事柄に関するかぎりまったく別々の道をたどることになるので、両者の場合を別々に論じなければならない。男の人生においては思春期は、肉体的な成熟や性的特徴の最終的な形成と共に一人前の精神的能力の獲得をも意味している。彼が男性らしさを得るとともに、生活一般への彼の関係の全体は性的な事柄や家族内の位置づけへのかかわり方と同様に深刻に変化するのである。この最後の点に関して言えば、われわれは、母や姉妹やその他の女性親族に対する彼の態度に大きな影響を及ぼすひとつの非常に興味深い現象を観察することができる。われわれの文明社会の典型的な若者は思春期になると、母親に対して極端にきまりわるそうな様子を示し、姉妹を馬鹿にしたりいじめたりし、仲間の前ではすべての女性親族のことを恥しがるようになる。学友たちとさっそうと歩いているときに母親、おば、姉妹、あるいはいとこの少女と出会ってあいさつしなければならなくなった際の、あの言いようのない恥しさと苦痛を覚えていない者がわれわれのうちに居るだろうか。そこには強烈な罪の意識や現行犯でつかまったという気持がある。ある者は知らぬふりをよそおうとし、他のもっと勇敢な者は真赤になってあいさつしたが、いずれにしても誰もがそれを自分の社会的地位を傷つける汚点であり、自分の男らしさと独立性に対する侮辱だと感じたものである。この現象の背後にある心理に深入りしなくても、このとき感じられる恥しさと当惑は作法にはずれたことがなされた場合に感じられるのと同じタイプのものであることが分る。

この新しく獲得された男性らしさは、世界に対する少年の態度つまり彼の世界観全体に深い影響を及ぼす。彼は自分自身の自立した意見や人格や体面をもつようになり、権威や知的指導力に対して自分なりの態度をとるようになる。それは父と息子の関係においても新しい段階であり、理想化された父のイメージが新たに吟味されテストされる。もし父親が愚か者であるか「不作法者」であることが分ったり、偽善者や「時代遅れのがんこ者」であると分ったりすれば、そのイメージはこの時点で崩れ去る。そうなると父親は永久に片づけられてしまい、後になって両者が再び歩み寄るようなことがあったとしても、彼は息子に有効な影響を与えるチャンスを失ってしまう。逆にもし父親がこの時期の極端に厳密な吟味に耐え得た場合には、一生理想像であり続ける可能性が十分ある。もちろん逆もまた真である、つまりこの時期には父親もまた自分の息子をきびしく吟味し、息子が将来の後継者について自分が抱いている理想に匹敵するかどうかについて批判的に考察するのである。

性に対する新しい態度、思春期における再結晶化は、父親に対する態度だけではなく母親に対する態度にも大きな影響を及ぼさずにはいない。学校教育を受けている少年は、両親と自分を結ぶ絆の生物学的な本質をこの時期になってはじめて完全に理解する。彼が、よくあるように、母親を深く愛しかつ尊敬し同時に父親を理想化し続けることができている場合には、自分が肉体的には両親の性交によって生じたのだという考えは、最初は彼の心的世界に裂け目を生むとしても、ともかくも自分の内部で処理できる。しかし、逆に彼が、よくあるように秘かにではあっても、父親を軽蔑し憎んでいるような場合には、この考えは母親を永遠に汚すことであり最愛のものに泥を塗ることである。

この新しく獲得された男性らしさは、なかんずく少年の性をめぐる状況に影響を及ぼす。知的には彼はすでに知識をもっており、肉体的にはその知識を実行に移す準備ができている。通常少年はこの時期に性に関する最初の手ほどきを受け、何らかの形で性的活動を開始するが、たぶんそれは通常の規則的な方法によることはあまりなくしばしば自慰や夢精を通じて行なわれる。この時期は少年にとっては多くの意味で分岐点である。目覚めたばかりの性衝動が強い気性と安易な風潮とに働きかけて少年を夢中にさせ、彼の足をすくって圧倒的な官能の海に運び去ってしまうかも知れないし、あるいは、他の関心や道徳観が強くてそれを部分的にか全面的にくい止めることができるかも知れない。彼が純潔という理想を保持しそのために戦うことができるかぎり、性的衝動をより高いレベルに高める手段はある。この場合、もちろんのこと誘惑の在り方は社会的な状況や少年の生活様式によって大きく左右される。社会の民族的構成や道徳律や価値観によって同じヨーロッパ文明の内部にも大きな相違がある。ある国々のいくつかの階層においては若者が安易な官能の力に圧倒されるのは普通のことである。他のところでは若者は自分の運命を選びとることができる。さらに別のところでは社会が、規範や厳格な倫理を課することによって、若者から責任の大半を免除してくれている。

異性との関係においてもはじめのうちは母親や姉妹に対する態度と対応するような要素が現われる。つまりここでもある種の当惑や誘引と反発の両極性などがみられるのである。若者が自分に深い影響を及ぼすことができると感じる女性は、彼を驚かせ疑惑で充たす。彼は自分のうちに芽生えつつある自立性と男性らしさにとってその女性が危険な存在であることを感じとるのである。

この段階で起こる重要な現象には次のようなこともある。思春期の終り頃になって優しさの感情と性的なものとが結びつくようになると、母親の優しさに関する幼児期の記憶と新たに目覚めた性的意識とが結びつくということが起こる。想像ことに夢における空想が恐しい混乱を惹き起こし、若者の心に不可解ないたずらをしかける。原注1

こうしたことはすべて上層の富裕な社会階層の若者に特に当てはまることである。農民や労働者の若者を彼と比較すれば、本質的な要素は同じであるがおそらく個人差がより少なくまた全般的な状況はもっと落ち着いたものであろう。

このようにして彼らもある一時期母親や姉妹に対して愛情は抱いていながら乱暴な態度をとるが、このことは農民の若者の間で特に顕著である。今や若者は後継者としての自分自身の力と位置を自覚し、新しい所有欲と権力への新しい野心を抱くようになるので、父親との争いは概して次第に激しくなる。この時期にはしばしば本格的な争覇戦が始まる。性的な事柄においては危機はそれ程激しくないし直接親子関係に影響を及ぼすこともないが、事態の概要はその場合も同様である。

教育のある階層の少女は最初の月経のときに危機を迎える。月経は自由を侵害し生活を複雑なものにするが、生活に不可思議な魅力をつけ加えもするので通常熱心に待たれている。しかし少女にとって思春期は少年の場合ほどの社会的転換点ではない。少女は依然として家にいるか寄宿学校で教育を受けたりするが、現代の職業をもっている少女を除けば、少女の仕事や訓練は日常の家庭生活とまったく調和を保っている。少女の生活の目標は結婚である。少女とその家族との関係の重要な要素のひとつは、しばしばこの時期に始まる母親と娘の間の抗争である。それがはっきりした形[原注2]であらわれることがどれほどあるかを言うのはむずかしいが、それが正常な家庭生活の典型的な諸関係にゆがんだ要素を導入することは疑い得ない。これ以前ではなく丁度この時期に父と娘の間の関係に特別の優しさが加わる。そしてそのことが母と娘の間の抗争と相関関係をもつようになることがすくなくないのである。これはエレクトラ・コンプレックス[訳注21]でありエディプス・コンプレックスとはまったく異なる性質のものである。ここでは正常な状態を支えている基本的な原理を問題にしているのであるから、女性の方がヒステリーにかかりやすい傾向をもつという事実を一応考慮の外に置くことにすれば、エレクトラ・コンプレックスは（エディプス・コンプレックスに較べて）よりまれで社会的にもそれほど重要でなく一般にヨーロッパ文化に及ぼす影響も小さい。しかし、エレクトラ・コンプレックスの影響の方がよりしばしば感じられるし、生物学的社会学的理由から父と娘の近親相姦は現実には母と息子の間のそれより比較にならないほど多く起っている。しかし、われわれの関心は主としてコンプレックスの文化的・社会的影響にあるので、エディプス・コンプレックスとエレクトラ・コンプレックスとを詳細に比較することはできない。また上層階級と下層階級との比較に深入りすることもできないが、一般的には次のような事実がみられる。上層階級においては抑圧がより強く下層階級にくらべてヒステリーの件数はより多いが実際の近親相姦の件数はより少ない。これに対して下層階級においては、少女の性的関心はより早くより自然に

目覚めさせられるので、少女はヒステリーにはあまりかからないが父親に犯される例はより頻繁である。[原注3]

トロブリアンド諸島に目を転じよう。そこでは思春期はわれわれの社会においてよりも早く始まるが、それが始まるときには少年も少女もすでに性的な行為を始めている。個人の社会生活において、思春期は成人式を行なう未開社会におけるほどの重大な分岐点とはならない。大人になるにつれて徐々に、少年は経済活動や部族的な活動で次第に積極的な役割を果たすようになり、若者（ウラティレ）と見なされる。そして思春期の終り頃までには彼は、結婚してすべての義務を果たすとともに特権を享受することもできる部族の完全な成員となる。少女は思春期の初めに家族から一層自由になり独立するが、彼女はそれまでよりもより多くの仕事をし、より熱心に楽しみ、かつ成人した女性につきものの儀礼的経済的法的な義務を果たさなければならない。

しかし、もっとも重要であり同時にわれわれがもっとも興味深く感じる変化は、思春期の少年や少女が両親の家の永続的な居住者であることを止める時にみられる家族の部分的な分裂である。兄弟姉妹はずっと以前子供の時代からお互いを回避してきたのであるが、今や彼らは、性的な事柄にかかわっているときに互いに接触する可能性を完全になくするよう、極度にきびしいタブーをまもらなければならない。この危険を取り除くために、ブクマトゥラと呼ばれる特別の施設がある。ブクマトゥラとは思春期の少年や少女のグループが住む特別の家屋の名称である。この家は成人した若い男か若い男やもめの所有物であり、それを三人から六人くらいの若者が借りてそこで自分たちの恋人に会うのであるが、思春期を迎えた少年はいずれかのブクマトゥラに加入することになる。[原注4] こうして両親の家には思春期の男はまったく居なくなるのであるが、少年は結婚するまでは食事をするためにいつも帰宅するし両親の家のためにある程度は引き続いて働く。少女は、いずれのブクマトゥラでも逢い引きの約束がないようなまれな夜には寝に帰ってくる。

この重大な時期にメラネシアの少年少女の情操が結晶し形成されるのであるが、その結果、彼らは父母や兄弟姉妹などに対してどのような態度をとるようになるのだろうか。ヨーロッパの少年少女の場合と同様、この時期には最後の仕上げが行なわれ、人生のそれまでの段階で徐々に形成されてきたものが強化されるだけである。子供は今やもっとも広い意味で離乳するのであるが母親はそれ以後も依然として、すべての親族や親類関係の中核である。少年の社会的地位や義務や特権は母親や母親の親族との関連において決定される。母親の家は少年にとっては将来とも常に第二の家であるだろうし、誰も彼女を養うものがいないときには彼が養わなければならない。社会的な義務によって規定されている愛情と愛着は実際の情操の中に深く根差しており、成人した男が死んだり災難に遭ったりしたときには、母親こそはそれを悲しむ人であり彼女の嘆きはもっとも長く続きもっとも深刻なものであろう。それにもかかわらず、われわれの社会における母―息子の関係の顕著な特徴である個人的な友情、相互信頼、親密さなどはほとんどみられない。母親との離別は、すでに見てきたように、すべての段階でわれわれのもとにおけるよりもより容易により徹底的に行なわれるのであるが、結局幼い悲しみや激しい抑圧といったものはあまり伴わずに、より完全でより調和のとれた仕方で達成される。

この時期に父親は一時影がうすくなる。少年は、幼時からかなりの独立性を有し小さな児童共和国のメンバーであったが、今や一方でブクマトゥラにおける自由を加えるとともに、他方では自分のカダ（母方のおじ）に対する様々な義務によって以前よりもはるかに大きな制約を受けている。それ故彼には父親のためにさく時間や関心が以前ほどはない。後になって母方のおじとの間の軋轢が生じてくると少年は大概もう一度父の方に目をむけ、そのときには両者の生涯にわたる友情が確立する。しかし、思春期の少年が義務や慣習や呪術や工芸を学ばなければならないこの時期には、教師であり指導者である母の兄弟に対する少年の関心はもっとも大きく、両者の関係はもっともうまく行っている。[原注5]

メラネシアの少年が両親に対して抱いている感情とわれわれの社会の教育を受けた少年のそれとの間にはもうひとつの重要な相違点がある。われわれの社会においては、思春期の訪れや社会的な成長によって目眩くような新しい光景が開けてくると、その輝きは父母に対する少年のそれまでの暖い感情に微妙な影を落す。彼自身の性欲は彼と彼を生み出した者との仲を裂き、両者の関係を当惑の種とし紛糾した事態を生じさせる。母系制社会ではこういうことは起こらない。幼い時期にわいせつなものに強い関心を示すことがなくまた両親の権威に対する初期の反抗がないこと、性が若い血を騒がし始めて以来それを徐々におおっぴらに取り上げること、なかんずく息子の性欲に対して両親が取る親切な傍観者としての態度、母親が少年の情熱の対象の中から徐々にではあるが完全に姿を消すこと、父親が微笑して承認を与えること——これらすべての結果、思春期における性欲の強化は両親との関係に直接の影響を及ぼさない。

しかし、もうひとつの関係つまり兄弟姉妹の関係は性欲が増す毎に、ことに思春期に性欲が強まることから深い影響を受ける。兄弟姉妹間のあらゆる自由な交際を制限し両者の関係から性的な動機をまったく排除するタブーが、性に関する両者の状況全般に影響を及ぼす。その理由としてはまず第一に、このタブーが男の生涯における最大の性的障壁であってそれを踏み越えることは違法であるということと、このタブーが一般的な道徳規範のうちでもっとも重要なものであるということとが留意されねばならない。その上、子供時代における兄弟と姉妹の分離に始まり、それ以後もその分離を中核とするこの禁制は、同じ氏族の他のすべての女にも適用されるのである。結局少年にとって世界は性的には二つの部分に分かれる。彼自身の氏族の女を含む部分は彼には禁じられており、残りの三つの氏族の女が属する部分には合法的に近づくことができる。

次にヨーロッパとメラネシアにおける兄弟姉妹関係を比較してみよう。われわれの社会では、子供時代の親密さは次第に冷めていくぶん緊張をはらんだ関係へと変化し、姉妹は兄弟から社会的、心理的、生物学的な要因によって自然に分離されているがその分離は完全なものではない。メラネシアにおいては遊戯や子供らしい秘密のうちに親密さがあらわれはじめるや否や厳格なタブーが介入する。姉妹は常に身近にいながら決して親密にはならない神秘的な存在であり続け、少年を姉妹から隔てる目には見えないが強力な伝統の壁は、次第に個人的・道徳的な強制となる。姉妹は性の地平において永久に隠されている唯一の地点であり続ける。子供らしい優しさといった自然な衝動すらも、われわれの子供の場合に別の自然な衝動が受けるような組織立った抑圧を、芽生えたとたんに受ける。

こうして姉妹は、われわれの子供たちにとって禁じられている事象がそうであるように、思考、関心、感情の対象となるときは「わいせつなもの」とみなされるのである。後になって性的な事柄に関する個人的な体験が増すにつれて、両者を隔てる慎しみのヴェールはますます厚くなる。彼らは絶えずお互いを避けなければならないにもかかわらず、兄弟が姉妹の家庭の扶養者であるために彼らは常にお互いを念頭におき注目していなくてはならない。このような人為的で未熟な抑圧は何らかの結果を生ぜずにはいない。フロイト派の心理学者ならその結果を容易に予言できるはずである。

こうしたことすべてについて私はほとんどもっぱら男の子の見地からだけ述べてきた。メラネシアの少女の家族に対する態度は思春期にどのような形で結晶するのだろうか。大雑把に言えば、少女の態度にはメラネシアとヨーロッパとで少年の場合ほどの相違がない。兄弟―姉妹間のタブーのゆえにトロブリアンドの女家長制度は少女には少年に対するほどの影響は及ぼさない。その理由は次のようなものである。兄弟は結婚も含めて彼女をめぐる性的な事柄に関心をもつことをきびしく禁じられているし、母の兄弟もそうした事柄とはかかわりを持たないようにしなければならないので、奇妙なことではあるが、結婚の手配に関するかぎり彼女の守護者となるのは父親なのである。このため父親と娘の関係はわれわれの社会におけるものとまったく同じというわけではないがきわめてよく似たものとなっている。われわれの社会においても父親と娘の間の軋轢は普通小さいものなので、両者の関係はメラネシアにおける父と子の関係にいくらか似ているのである。メラネシアにおいては、成人した男と思春期の少女――その男の親族に属していない少女の場合であるが――との間の親密さにはある種の誘惑が含まれている。父と娘の場合はどうか。娘は外婚規制[訳注22]によってタブーとされていないし、父と娘の性交は外婚規制に対する違反を意味するスヴァソヴァという語で呼ばれることはないが、それでも両者の性交は最高度に非難すべきものと考えられている。しかし上記の誘惑はこのことによってすくなくなるどころかむしろ増大しているのである。父と娘の間のこの禁制の理由は言うまでもなく、単に自分が同棲している女の娘と交わるのはよくないということである。それゆえ、後で家族の成員間の典型的な態度のあらわれを跡づける際に、父―娘間の近親相姦が、強迫観念と呼ぶことはできないしフォークロアにも反映していないが、現実に起こっているということを見出したとしても驚くにはあたらない。

　母親と娘の関係の推移は、一般的にヨーロッパの場合よりもっと自然であると言えるが、本質的に異なっているわけではない。相違点のひとつは次の事実である。つまり、娘が思春期に両親の家を出て外部で様々な性的関心の対象を持つことが、父親と娘の近親相姦は必ずしも妨げないが、母親と娘の間の抗争と嫉妬が激化することは普通ふせいでいる。以上のようなわけで兄弟に対する態度を除けば、メラネシアの少女のうちにはヨーロッパの少女の場合にみられるのと同様の情操がみられる。

原注1　この考え方については、第四部第Ⅸ章において詳しく述べてある。

2　たとえば、モーパッサンの有益な小説『死の如く強し』における印象深い描写。

3　農民の間では父親が娘に手を出すことはめずらしくない。ことにラテン系の諸民族の間ではそうであると思われる。私は、ルーマニアの農民の間ではこの種の近親相姦はまったくありふれたことだと聞かされたことがあるが、イタリーにおいてもそうであるらしい。カナリー諸島においては私は、父と娘が近親相姦を犯しているいくつかの例、それも隠れてのことではなく公然と恥しらずな夫婦生活を営み自分達の子供を育てているという例を知っている。

4　われわれの記録にある限り集団婚のもっとも近い類似物であるこの注目すべき制度の詳細とその分析に関しては、拙著『未開人の性生活』（邦訳あり）参照。

5　これらの三者、つまり若者、彼の父、彼の母の兄弟の関係は実際には、ここで私が示し得たよりも複雑なものであり、権威と親族関係の背後にある両立し難い原理間の相互作用と衝突の興味深い例を提供している。この主題は将来刊行する予定の親族に関する著作で論じようと思う。また、『未開社会における犯罪と慣習』一九二六年、参照。

※著者の死のため実現しなかった（訳者注）

Ⅸ　母権制のコンプレックス

われわれはこれまで二つの文化、つまりヨーロッパの文化とメラネシアの文化を比較してきた。その際われわれは、この二つの文化の間には大きな相違があり、社会が人間の生物学的な本性に一定の型を与える際に用いる諸力のうちのいくつかが本質的に異なっているということに気づいた。いずれの文化においても、ある幅をもった性的自由が認められているると同時に性本能に対する一定量の干渉と規制があるが、タブーが及ぶ範囲ときめられた枠内での性的自由の用い方はまったく異なる。家族内における権威の分布もまったく異なっており、それと関連して血縁関係のたどり方も異なっている。われわれは双方の社会において、このように異なる部族法と慣習のもとにおける平均的な少年少女の成長の跡をたどってみた。すると、ほとんどすべての段階で大きな相違がみられたが、この相違は、生物学的な衝動と、調和や葛藤を生じさせたり、束の間の至福や将来の成長の可能性を伴う不均衡などに導く社会規範との間の相互作用の在り方に由来するものである。子供の生活史の最後の段階、つまり子供が成熟した段階で、子供の感情が、父母や兄弟姉妹、さらにトロブリアンドにおいては母方のおじに対する情操の体系に結晶するのがみられた。それはそれぞれの社会に典型的な体系であり、精神分析的な用語法に適応するために、われわれはこの体系を「家族コンプレックス」あるいは「中核コンプレックス」と呼んだ。

ここでこれら二つの「コンプレックス」の主な特徴をもう一度簡単に述べることを許していただきたい。われわれの家父長制的な社会の典型的な態度の体系であるエディプス・コンプレックスは、子供時代の初期に、一部分は子供時代の第一段階から第二段階への過渡期において、一部分は第二段階において形成される。それゆえ子供時代の第二段階の終り、つまり五歳から六歳頃には彼の態度は、最終的に固定はしていないとしても、かなりな程度まで形づくられている。そしてこれらの態度はすでに憎しみや抑圧された願望の数多くを含んでいるのである。この点においてもわれわれの結論は精神分析のそれといささかも異なっていない[原注1]。

　母系制社会においてはこの段階で、子供のうちに父母に対するきわめてはっきりした情操が育っているが、それらは抑圧されたものや否定的なものや満たされない願望などは含んでいない。この相違はどこから生じるのか。すでに見てきたように、トロブリアンドの母系制の社会組織は人間の成長の生物学的な道筋にほとんど完全に調和しているのに対し、われわれの社会にみられる父権的な制度は自然な衝動や傾向の多くと矛盾しそれらを抑圧する。この点をもうすこし詳しく述べてみよう。母親への熱烈な愛着つまり母親にしっかりと抱きついていたいという肉体的な願望は、家父長的な制度の中ではなんらかの方法によって中断されたり妨害されたりする。われわれの道徳は子供の性欲を非難する。特に下層階級においては父親の残忍さがあり、上層階級においては母と子に対する父親の排他的な権利を示す雰囲気が静かにではあるが断固として作用している。加えて夫を怒らせることに対する妻の恐れがある。これらすべての事情が一緒になって両親と子供を否応なしにきり離すことになる。かりに母親の個人的な関心を惹くための父と子の抗争が最少限におさえられるかまったくなくなるかする場合でも、次の時期になると父と子の間には社会的な利害関係をめぐるはっきりした衝突が起こるものである。子供は親の自由を邪魔する厄介者であり、年齢と没落を想起させるものであり、もしそれが男の子であれば、将来社会的な抗争の相手となるかもしれない危険な存在でもある。このように官能の世界での衝突に加えて、父と子の間には社会的な軋轢が生じる余地も大きい。私はここに故意に「子供」という語を用いて「男の子」とは言わなかった。その理由は、われわれの結論に従えば、この段階では子供の性別はまだたいして重要ではないし、父と娘の関係の方が（父と息子の関係と較べて）より親密であるということも起こっていない、ということである。

こうした圧力や影響はすべてトロブリアンドの母系制社会には存在していない。まず第一に――これはもちろん母系制とは直接関係のないことであるが――そこには性や官能そのものが罪であるという考えはないし、なかんずく幼児に性欲があると考えただけでぞっとするというような道徳観もない。子供が官能的なニュアンスをこめて母親に抱きつくことも自然な経過をたどるままに放置されており、子供はやがて自然にその時期を過ぎて他の肉体的な関心に目を転じるようになる。初期のこれらの二つの時期において父親が子供に対してとる態度は親しい友人や援助者のものである。われわれの社会の父親がせいぜい育児室からまったく姿を消すことによってしか好ましい存在とならないこの時期に、トロブリアンドでは父親ははじめのうちは育児人でありやがては友人となるのである。

この時期のいわば先―性器的な生活の展開もヨーロッパとメラネシアでは異なっている。われわれの社会の、ことに上層階級での育児室における抑圧は、下品なもの特に排泄作用と排泄器官への隠れた好奇心を育てる。他方未開人の間ではそのような時期は存在しない。さて、この幼児期の先―性器的なわいせつさは、下品なものと上品なもの、純粋なものと不純なものとの間の区別を確立し、下品な、両親から隔絶した秘密の一角の存在は、母親との関係に突如として課せられるタブー、つまり母親のベッドと彼女の抱擁からの早すぎる追放の効果を強めそれに一層の深さを加える。

それゆえここでもまた、トロブリアンドの子供たちはわれわれの社会の複雑な事情には関係がない。性欲の次の段階においても重要な相違がみられる。ヨーロッパにおいては多少とも顕著な潜伏期間があって、性の発育における連続性が破られ、抑圧や一般的な健忘症が強化されて、性の正常な発育に対する数々の危険が生じる。他方では、このことは性欲に対する他の文化的社会的関心の勝利をも示している。未開人の間ではこの時期に、初期性器的形態――これはわれわれの間ではほとんど知られていない形態であるが――における性が子供の関心の主要な部分を占め、それ以後二度と消滅することがない。このことは、多くの面で文化的には破壊的であるが、子供が家族の影響から徐々に調和を保って離脱して行くのを助ける。

この現象とともにわれわれはすでに子供の成長の後半期に歩み入ったことになる、というのはわれわれの社会においては性の潜伏期はこの後半期に属しているのであるから。成長の後半期に属するこれら二つの段階を検討するともうひとつの大きな相違に気がつく。われわれのもとでは思春期の初期には、少年の両親に対する態度の複合体であるエディプス・コンプレックスは、単に固定化し結晶化するだけである。これに対してメラネシアにおいては、おおよそコンプレックスなるものが形成されるのは主として、実際にはもっぱらこの時期なのである。それは、この時期になってやっと子供が抑圧とタブーのシステムに服し、それらが子供の性質を形づくりはじめるという事情によっている。これらの力に対して子供は、いくぶんかは適応することにより、他のいくぶんかは多少とも抑圧された反抗心や願望を育てることによって対応する。なぜなら人間の本性は展性と弾性の双方を備えているからである。

メラネシアにおいては抑圧し形成する力は二重である——つまり女家長制的な部族法と外婚規制である。最初のものは母の兄弟の影響によって子供の生活に導入される。母の兄弟は子供の名誉心や誇りや野心にうったえつつ、子供との間に多くの点でわれわれのあいだにおける父と子の関係に似た関係をもつようになる。他方では、彼が要求する骨折りや後継者と継承される者との間の抗争が一緒になって嫉妬や恨みのような否定的な要素をも生み出す。このようにして、尊敬は自他ともに公認する支配的な位置を占め、抑圧された憎しみは間接的にしかあらわれないという「アンビヴァレントな」[訳注23]態度が形成される。

第二のタブーである近親相姦の禁制は、姉妹を、そしていくぶん力は弱まるが母方の他の女親族や氏族の女性成員をも性的神秘のヴェールでおおう。姉妹はこのクラスの女性すべてを代表しており、タブーももっとも厳格に適用される。われわれがすでに指摘したように、このタブーは少年の生活に幼時から介入して、子供の自然な衝動である姉妹への愛情を芽のうちに摘みとってしまう。しかもこのタブーは、性的な事柄にかかわりをもつものなら偶然の接触すら犯罪としてしまうので、姉妹について常に考えさせるとともにその考えを絶えず抑圧する。

家族内における態度の二つのシステムを比較してみてわれわれは、家父長制的な社会においては、幼時の抗争やその後の社会の作用などが、父と息子の態度の中に相互的な愛着に加えていくぶんかの憎しみや反発の情を持ち込むことに気づいた。一方母親と息子の関係について言えば、幼時における時ならぬ分離は深く充たされない渇望を残し、この渇望は後になって性的な関心が生じてくると記憶の中で新しい肉体的欲望と混同され、しばしば性愛としての性質を帯びて夢やその他の空想に姿をあらわす。これに対してトロブリアンドにおいては父と息子の間の軋轢はないし、母親に対する幼児の渇望は自然な自発的な仕方で徐々におさまるよう放置されている。それゆえ、尊敬と嫌悪を含んだアンビヴァレントな態度は男とその母の兄弟の間に生じ、近親相姦への誘惑をはらんだ性的な態度は姉妹に対してのみ形成される。各々の社会にいくぶん大雑把ではあるが簡潔な定式を通用しようと思えばわれわれは、エディプス・コンプレックスには父を殺して母と結婚したいという願望があるが、トロブリアンドの母系制社会には姉妹と結婚して母方のおじを殺したいという願望があるという風に言うことができよう。

これによってわれわれは、われわれの詳細な探究の結論を要約し、最初に述べた第一の問題に答えたことになる。言いかえれば、われわれは家族の構造による中核コンプレックスの変異を究明し、コンプレックスが家族生活や性道徳の諸側面にどのように影響されているかを明らかにしたことになる。

われわれは、われわれの社会に典型的な情操の複合体が存在するという発見と、なぜそのような複合体が存在しなければならないかについて部分的な、主として性に関連した説明とを精神分析に負っている。これまでの頁でわれわれは他の社会つまり母系制社会における中核コンプレックスの輪郭を示すことができたが、この種の社会において中核コンプレックスが研究されたのはこれがはじめてである。われわれはこのコンプレックスが家父長制的社会のそれとは本質的に異なることを見出したし、それが異なっていなければならない理由やそれを生み出した社会的力がいかなるものであったかも示してきた。われわれは可能な限り広い基盤の上で比較を行ない、また性的な要因を無視することなしに体系的に他の要素を考慮に入れてきた。これまでのところ別のタイプの中核コンプレックスが存在するなどとは考えられてもみなかっただけに、われわれの結論は重要なものである。これまでの分析によって私は、フロイトの理論が人間心理の実際にほぼ対応しているだけでなく、様々な社会構造によってもたらされる人間性の変形をもかなり厳密に跡づけていることを明らかにしてきた。言い換えれば私は、社会のタイプとそこに見られる中核コンプレックスの間の深いつながりを明らかにしたのである。これはある意味ではフロイト心理学の主な主張を確証することではあるが、それはフロイト心理学の諸側面のうちのあるものを修正すること、あるいはむしろその定式のあるものをもっと弾力性のあるものにすることを余儀なくさせるものでもある。具体的に言えば、生物学的な作用と社会学的な作用の間の相関関係をもっと体系的に把握すること、つまりエディプス・コンプレックスが普遍的にあるということを前提にしないで、あらゆるタイプの文明を研究してみてそれに属する特別なコンプレックスを明らかにすることが必要であると思われる。

原注1　以上のことを書いて以来、私はオーソドックスであったりセミ・オーソドックスである精神分析学者の一人として「コンプレックス」に関する私の主張やその主張の一側面をも認めようとしないことに気づいた。

第二部　伝承の鏡

I　母権制におけるコンプレックスと神話

この本の最初の部分で提起した第二の問題に移るときが来た。すなわちここで、エディプス・コンプレックスとは、その発生と性格においてまったく異なる母系コンプレックスが、伝統や社会組織のうえにエディプス・コンプレックスとは異なる影響を及ぼしているかどうかを調べ、これらの原住民の伝承や社会生活にこのコンプレックスの独自の抑圧の跡がはっきりと見てとれることを示さなければならない。普段は厳格なタブーや慣習や法的制裁によって伝統のわく内におさめられている情熱が、犯罪や倒錯や変態、あるいは未開社会の単調な生活を時折ゆり動かす劇的なできごとの形で爆発するときには、これらの情熱は、母権制のもとにおける母方のおじへの憎しみや姉妹への近親相姦的な欲望などをあらわにする。これらのメラネシア人の伝承もまた母系コンプレックスを映し出している。呪術の場合同様、神話やおとぎばなしや伝説などを検討してみれば、普通は伝統的な尊敬や連帯感によってつつまれている母方のおじへの抑圧された憎しみが、白昼夢をモデルとし抑圧された願望によって導かれるそれらの物語の中に姿をあらわしているのがわかる。

特に興味深いのはこれらの原住民の愛の呪術とそれに関連した神話である。すべての性的な魅力や誘惑する力は愛の呪術に由来すると信じられている。そして原住民たちはこの呪術が、兄と妹の近親相姦に関する不可解で悲劇的な神話の中で物語られている劇的な過去の出来事にその基礎をもっていると見なす。かくして、家族内における社会的関係の記述や親族組織の分析によって確立された命題は、これらのメラネシア原住民の文化の研究によっても独立に証明することができる。

II 疾病と倒錯

この章でとりあげる証拠はまったく等質的であるというわけでない。ある点についてはは完全な情報をもっているが、他の点については無知であるか不完全な知識しかもっていないことを白状しなければならない。後者の場合には、問題を解決するというよりもその所在を指摘するにとどめよう。このことは部分的には、私が精神病について専門的な知識をもっていなかったことや正統的な手法で原住民の精神分析をすることが不可能だったということの結果であり、また部分的には、資料、ことに私がトロブリアンドの場合よりもはるかに短い期間滞在しより不利な条件のもとで調査した諸部族の間で集めた資料の避けることのできない不均等性の結果でもある。

私がもっている項目のうちもっとも弱いものから始めよう。まず神経症と精神疾患の問題がある。われわれの社会とトロブリアンドとにおける子供の成長を比較した説明においては、われわれは以下のようなことをみてきた。つまり、母系制社会におけるコンプレックスは、子供の生活においてわれわれにおけるよりも遅い時期に、親密な家族生活の圏外で形成され、もしあるとしてもわれわれの場合より弱いショックしかともなわない。また、それは主として抗争に由来するが、色情面におけるその影響は子供の性の基盤にまでは及ばない。こういう事情なので、フロイトの理論にしたがえば、子供時代の衝撃に由来する神経症（転移神経症）の分布はわれわれの場合とくらべてはるかに小さいことが予想されよう。有能な精神病医が私と同じ条件のもとでトロブリアンド人を診察できなかったのは非常に残念なことである。というのは、もしそうしていれば、彼は精神分析医の仮定にいくつかの興味深い説明を加えることができたであろうから。

トロブリアンド人を研究するに当って民族誌学者がヨーロッパ人と直接比較するのは無駄なことだろう。というのは、ヨーロッパにおいては状況を複雑にして精神疾患の形成に寄与する他の無数の要因があるからである。しかし次のような場合には比較は有効であろう。トロブリアンド諸島の約三〇マイル程南方にアムフレット諸島があり、そこの住民は、人種や慣習や言語においてはトロブリアンド人と本質的に類似しているが、社会組織については大きく異なっていて、厳格な性道徳をもっている。つまり性的放縦を支持するような制度はもっておらず、婚前交渉はきびしく非難する。また彼らの家庭生活はトロブリアンドにおけるよりもはるかに緊密に織りなされている。母系制社会ではあるが、はるかに発達した家父長的な権威があり、これが性の抑圧と結びついて、われわれ自身の場合により近い子供時代の状態を形づくっている。[原注1]

私自身の限られた知識をもってすら、私はこの人々の神経症の性質についてはまったく異なる印象を受けた。トロブリアンドにおいては私は多くの人々を親しく知り、会えばあいさつをする程度の知り合いはもっと多かったにもかかわらず、ヒステリーにかかった者はもちろんのこと神経衰弱の者すら一人として見出すことができなかった。神経質なけいれんや強迫的行為や強迫観念もみられなかった。土着の病理学の体系は黒呪術の信仰に基礎をおいてはいるが病気の症状はかなり正確にとらえている。この体系においては、精神疾患の二つのカテゴリーがある。そのひとつはナゴワであり、これはクレチン病や知的障害に相当し、言語障害を有する人についても用いられる。他の一つはグワイルワであり、これはほぼ躁狂（マニア）に相当し、時折突然に狂暴な行為をしたり錯乱したふるまいをする人々もこれに含められる。トロブリアンドの住民たちは、アムフレットやダントルカストーといった近隣の島々に精神に対して彼らが知っているのは異なる効果を及ぼすことの出来る別のタイプの黒呪術があることをよく知っており、それらを識別できる。この黒呪術によってもたらされる症状は彼らの説明によれば、強迫的行為や神経性のけいれんや様々な形の強迫観念である。そしてアムフレットに二、三カ月滞在した際の、私の最初のもっとも強い印象は、それが神経衰弱患者の社会であるということであった。開放的で陽気で元気で近づき易いトロブリアンド人のところからやってきて、新来者を信用せず、仕事にあきっぽく、こちらが強く出ればすぐにおじけづき極端に神経質になるくせに、権利を主張するときにはきわめて尊大であるような人々の社会に身を置くことは、強烈な印象を与える経験である。私が彼らの村に上陸すると、二、三の老婆を除いて、女たちは逃げてしまい私の滞在中隠れたままだった。こうした一般的な状況から離れても、私はただちに多くの神経過敏な人々を見出した。彼らは一種の恐れからうそをついたり、こまかい質問をされると興奮したり怒ったりするので情報提供者として用いることができなかった。

トロブリアンドにおいては霊媒すら異常な人物というよりもむしろある役割を演じる者であるとみなされるのは特徴的なことである。トロブリアンドにおいては黒呪術は人間の手によって「科学的な」仕方で、言い換えれば超自然的なものに小さな要求をするという仕方で行なわれるが、南方の島々においては、「空飛ぶ妖術師」がいて、他の場所では半分伝説的な魔女（ウィッチ）だけに属しているような呪術を行ない、一見してまったく異様な印象を与える。

もうひとつの社会では私は民族誌学の徒弟訓練を受けたのであって、トロブリアンドの場合ほど親しく知ることも同じ方法で研究することもなかったが、そこでの状況はアムフレット諸島の場合より更に抑圧的だった。ニューギニアの南岸の一部に住んでいるマイルウ族の社会は、父系制であり家族内においては父親の権威が目立っており、抑圧的な性道徳のかなりきびしい規定をもっている。[原注2] この人々の間で私は、神経衰弱症患者とみなされ、それ故民族誌学の情報提供者としては役に立たない数多くの人々の存在に気づいた。

こうした仮説的な評言のすべては、単なる推察であるというわけではないが、問題を提起し一番可能性のありそうな解決を示すことを意図しているだけである。それ故問題は次のようなものとなろう。すなわち、文化の同じ段階にある多くの母系制社会と父系制社会を研究し、性的抑圧と家族構造の変異を記録し、性的家庭的抑圧の量とヒステリーや強迫神経症の分布との相関関係に注目することである。まったく異なった状況のもとに生活している社会が隣りあわせに並んでいるメラネシアの条件は、この目的のために自然に準備された実験室のようである。

この問題のフロイト的な解決に有利なように説明され得るもうひとつの点は、性的倒錯と性的抑圧との相関関係である。フロイトは、幼児期の性的過程と後における倒錯の生起との間に深い関係があることを示している。彼の理論によれば、幼児期の性の自由な発達に干渉しないトロブリアンド人の社会のような放縦な社会は最小限の倒錯を示すはずである。このことはトロブリアンドにおいては完全に確証される。同性愛が他の種族の間でみられることは知られており、それは薄汚い馬鹿げた行為であるとみなされている。トロブリアンドにおいては、それは白人の影響、もっと正確に言えば白人の道徳の影響とともにあらわれただけである。ミッションの基地の少年少女は、離ればなれに厳格に孤立した家に閉じ込められ、トロブリアンド人が当然の権利とみなしてきたものを拒まれていたので、精々自分たちにできることで代用しなければならなかった。宣教師の影響を受けた住民と受けていない住民とを対象にしたきわめて注意深い調査によれば、白人の道徳をそのように不合理的非科学的なやり方でおしつけられた人々の間では、同性愛は習慣的なものになっている。いずれにしても、「悪事を行なう者」が現行犯でとらえられ、神の面前から村へ追い返され、そこで彼らの一人がそれを続けようとしたが、侮蔑や嘲笑で表現される土地の道徳の圧力にまけてあきらめざるを得なかった、というような例が二、三ある。私はまた、倒錯が南のアムフレット群島やダントルカストー群島ではるかに広く行なわれていると推測する理由も持っているが、ここでも、この重要な主題を詳細に研究できなかったことを残念に想わざるを得ない。

原注1　アムフレット島人の慣習や文化の諸側面の記述については、拙著『西太平洋の遠洋航海者』第一一章参照。

2　"Proceedings of the Royal Society of Australia" 三九巻、一九一五年収録の「マイルウの原住民」に関する私のモノグラフと比較せよ。精神病に関する情報はそのモノグラフには含まれていない。私はその地方を再訪したいと考えていたし、モノグラフはより完全なものとして別の機会に発表することを予定した予備的なものであったので、私は自分の知識やノートの内容のすべてを記載することはしなかった。

Ⅲ　夢と行為

われわれは次に、トロブリアンドの母系家族における基本的な情操がその地の文化や社会組織のうちにどのように表われているかを研究しなければならない。この問題にあまり深入りすると彼らの部族生活のほとんどすべての現象をこの観点からこまかく検討しなければならなくなるので適当に選択してこの点にもっとも関連のある事実をひろい出さなければならない。それらは次の二つのカテゴリーに分けることができる。

(1) 自由な空想。

(2) 民間伝承の資料。

第一のグループには、夢、白昼夢、個人的な欲望や理想などのような個人的な想像力の産物が属している。これらは個人生活に由来し、その人の人格の精神的な力によって形づくられる。思考や夢における幻想のあらわれのみならず行為におけるあらわれもこの種類に含めることができる。というのは、犯罪や道徳上の罪あるいは公衆の意見と良俗に反する行為は、法や道徳の抑圧力が抑圧されている情熱によって破られるときに行なわれるのだから。そのような行為においてわれわれは、理想の強さと情熱の深さの双方を計ることができる。ここで再び夢や行為から成る第一のカテゴリーに話を戻そう。これらの夢や行為においては個人は、一時的に慣習の枷をはらいのけ抑圧されているものや抑圧力との葛藤をあらわにする。

夢や白昼夢をトロブリアンド諸島のメラネシア人の間で研究するのは容易なことではな

い。これは彼らの注目すべき特質であり、この点で彼らは他の未開人と異なっているように思われるのであるが、彼らは明らかにほとんど夢をみないし夢にほとんど関心をもっていない。彼らはまたまれにしか夢について自発的に話さないし、普通の夢が予言的その他の重要性をもっていると考えておらず、夢を象徴的に説明するためのいかなるコードも持っていない。私はしばしばこの主題に直接的に取組み、情報提供者に、夢をみたかどうか、もしみたとすればどのような夢だったかとたずねてみたが、そのような問いに対しては答えは大てい否定的であった。ごくまれには例外があったが、それについては後に触れることにしよう。こうした夢の不在あるいはむしろ夢に対する関心の不在は、われわれが抑圧なき社会、性がそれ自体としては制約を受けないような社会を取扱っているということに由来しているのだろうか。彼らの「コンプレックス」が弱く、遅くなってからあらわれ、幼児的な要素をあまりもっていないからなのだろうか。このように自由な夢が少なく、夢が強い影響をもたず従って記憶されないということ、こうしたことは神経症がないという事実と同様の結論に、すなわち、フロイト理論が大筋において正しいという結論に導くのである。なぜならば、フロイト理論は、夢の主たる原因は充たされない性的欲求、ことに幼児期にきびしく抑圧されたような性的ないし擬似性的欲求であると確言しているからである。この問題に対しては、文化や生活の仕方は似ているが異なる抑圧をもっている二つの社会から比較のための豊富な資料をあつめることによってのみ満足のいく解答を得ることができよう。

私がこれまで「自由な夢」という表現を用いてきたのは次の理由による。つまり、伝統によってあらかじめ定められた線にそって展開するので「公式の夢」とも呼ぶべきであり、自由な空想とも固定された空想とも分類しかねるような一群の夢があるからである。それはたとえば、事業を指揮したりある課題を遂行したりしている男が、ある状況のもとで自分の事業の対象についてみるとされているような夢である。漁撈のための遠征の指揮者は、天候、魚の大群があらわれる場所、遠征のためにもっともよい日取りなどについて夢をみ、その結果に従って命令や指示を与える。クラと呼ばれる海外遠征の責任者はしばしば、自分たちの儀礼的交易の成功について夢みると考えられている。なかんずく、呪術師たちは自分の呪術の実行と関連した夢をもっている。呪術と関連した典型的ないしは伝統的な夢にはこれとは別の形のものもあり、それは呪文や儀式の直接の結果として生じるものである。こういうわけで、たとえば儀礼的な海外交易に関する或る呪文は、相手の心に直接働きかけて夢をみさせ、この夢がその相手に交換を希望させる。ほとんどの愛の呪術は夢を生じさせその夢が好色な欲求を惹き起こすと考えられている。つまり、注目すべきことだが、原住民たちはフロイトの理論を逆転させるので、彼らにとっては夢は願望の原因なのである。[原注1] 事実この種の伝統的な夢はフロイト理論に大変よく適合している。というのは、これらの夢は呪術師自身の願望を相手に投影するという形で形成されているからである。愛の呪術の犠牲者は夢の中で耐え難い切望に悩まされるが、それは呪術をかける者の精神状態と同じ状態なのである。呪術の影響下にあるクラの相手は交易の輝かしい情景を夢みると考えられているが、これもまた呪術をかける者の願望を支配しているヴィジョンそのものなのである。

こうした夢は単に話の種にされたりあるいは存在していると想われたりしているだけではない。呪術師自身が私のところへやってきて、大漁の夢をみたのでその夢をたよりに遠征を組織するのだと話すようなことがしばしば起こったのだ。あるいはまた、菜園の妖術師が、長い干ばつについて夢をみたことを話し、その夢にもとづいて何事かを命令するようなこともあった。

死んだ祖先のために行なわれる例年の儀礼的な饗宴の際に、私は二度ばかり原住民の夢を書きとめる機会を持った。いずれの場合においても夢は儀礼の進行方法に関連して言及されたのである。そのうちのひとつの場合には、夢みた者は、事のなり行きに満足していない精霊とことばをかわした夢をみたと主張した。典型的な夢のもうひとつのグループは赤ん坊の生誕に関連している。この場合には、未来の母親が故人となった親族の一人から

夢による一種の受胎告知を受けるのである。[原注2]

さて、典型的あるいは公的な夢のひとつに性に関する夢があり、他のものにも増してことにわれわれの興味をそそる。ある男が夜ひとりの女が彼を訪問する夢をみる。彼は夢の中でその女と交わり、目がさめるとマットの上に射精しているのに気がつく。彼はこのことを妻には内緒にしておくが、現実の生活の中で実際にこの夢を再現しようと試み、その女との密通を自分の方から積極的にはじめる。

この夢は、彼を訪問した女が彼を欲していて愛の呪術をかけたということを示しているから、彼はそのようにふるまうのである。この種の夢については私は多くの個人的な打ち明け話を聞いたし、それらの話の次には、夢を見た後で男が夢で自分を訪問した女との密通を実現するためにする努力をめぐる物語がくる。

原住民が彼らの性的な夢について話すのを聞くやいなや、当然私は近親相姦の夢の痕跡を熱心に探してみた。「あなたのお母さんについてこういう夢をみたことがありますか」という問いに対しては、次のような特別衝撃を受けたというのではない静かな否定の答えが得られるはずである。「母親は禁じられている——そんな夢をみるのは低能（トナゴワ）だけだろう。母親は年とった女だ。そんなことが起こるはずもない」。しかしこうした質問が姉妹に関して行なわれる時はかならず、答えはまったく別だし、強い感情的な反発をともなっている。言うまでもなく私は、そんな質問を直接男にしたりそうしたことを人まえで論じたりするほど無知ではなかった。しかし、「他の人々」はそのような夢をみることがあるかどうかといった形でたずねてすら、この種の質問は憤慨と怒りの反応を惹きおこすのである。時にはまったく答えを得ることができない。そんなときには相手は当惑したような沈黙の後に別の話題を持ち出す。繰り返しになるが、ある人々はそれを大まじめに、他の人々は腹立たしげに激しく否定するだろう。しかし、私の最上の情報提供者に苦心して少しずつ質問した結果、遂に真実が姿を現わした。つまり私は人々の真の見解は上に述べたところとは異なるということを発見したのである。実際には「他の人々」がそのような夢をみることはよく知られている――「男は時に悲しく恥かしく不機嫌になる。何故か。それは彼が自分の姉妹と寝た夢をみたからだ」「このために私は恥かしく思うのだ」とそのような男なら言うだろう。私は、これが、実は、存在すると知られている典型的な夢のひとつであり、しばしばおこり、しかもそれを夢みた人につきまとい不安にさせる夢であることに気づいた。われわれはこのことが他の資料によって、ことに神話と伝説のうちで立証されているのを見出すだろう。

兄弟姉妹間の近親相姦は、同じ氏族の女性と交わることを不義とする外婚規制に対する違反のうちもっとも非難すべきものである。とはいえ、兄弟姉妹間の近親相姦は極度の嫌悪をもってみられるにもかかわらず、氏族外婚制を破ることは、それを実行するのがきわめてむずかしいという理由で、気のきいた望ましいことなのである。これに対応して同じ氏族に属する者同士の性交に関する夢は大変しばしばみられている。このように近親相姦に関する様々なタイプの夢を比較してみると、次のように想定する理由が十分にある。つまり、母親はそうした夢にはほとんど姿を現わさないし、かりに現われたとしてもそれらの夢は深い印象を残さない。もっとはなれた女性はしばしば夢にあらわれ、残る印象は楽しいものである、他方姉妹に関する近親相姦的な夢も存在するが、そうした夢は深刻で苦痛に充ちた記憶を残す。原住民の性欲の発育のあとをたどったときに、母親に対しては誘惑がなく、姉妹に対してはきびしく抑圧されているはげしい誘惑があり、同じ氏族の女については刺激にはなるがあまり強くはない禁制があるということを見たのであるから、この結論は当然予想され得たものと言えよう。

兄弟姉妹間の近親相姦は原住民によって非常な嫌悪の情をもってみられているので、彼らの生活に精通した観察者ですら最初のうちは、そんなことは起こるはずがないと確信をもって断言するだろう。もっともフロイト派の人なら疑いをもつかも知れないが。そして、より注意深く調査すれば、この疑いがまったく正当なものであることが分るだろう。兄弟姉妹間の近親相姦は昔にもあったし、(今も)有力なマラシ・クランに関して語られているある家族醜聞がある。現在では、にせのキリスト教道徳の影響によって古い道徳と制度がこわされ、白人のいわゆる法と秩序が導入されているので、部族の伝統によって抑圧されていた情熱は以前にもまして激しくおおっぴらに姿を現わす。私は、世論が小声ででではあるがはっきりとある男を姉妹と近親相姦を犯したとして非難した例を三、四記録している。そのうちのひとつの例は、ながく続き破廉恥さで有名になったということや、主人公たちの悪評高い性格やその関係をめぐる言語道断な物語などのためにことに目立っている。

オコプコプのモカダユは有名な歌手であった。御多分にもれず、彼は女性関係での成功においてもよく知られていた。「のどは膣（ウィラ）のように長い通路でこの二つは互いに引きつけ合うのだからね」と原住民たちは言う。「美しい声をした男は女を大変好むし、女もまたその男を好むものだ」。彼がどのようにしてオリヴィレヴィの首長の妻全部と寝たかということや、彼がどのようにしてあれこれの人妻を誘惑したかについてたくさんの物語が語られている。一時期モカダユは霊媒として輝かしくかつもうけになる成功を得た。彼の小屋では驚くべきことが起こり、ことに様々な貴重品が消えて霊界に運ばれた。しかし、やがて彼の正体が暴露され、消えた品物は彼の所有物になっていたにすぎないということが明らかになった。

その後で彼とその妹との近親相姦的な恋という劇的な事件が起こった。彼女は大変美しい少女だったし、トロブリアンド島民なのだから当然たくさんの恋人をもっていた。ところが突然彼女は誰にも身を許さなくなり貞節になった。彼女の好意にあずかれなくなったことを互いに打ち明けあった村の若者たちは、何が起こったのかつきとめようと決心した。特権を与えられているライヴァルが誰であろうと密会の場は彼女の親の家に違いない、ということが間もなく明らかになった。ある夜両親が外出しているときに、捨てられた恋人たちは草ぶきの屋根に穴をあけそこからある光景をみて強い衝撃を受けた、兄と妹が罪の情火にとらえられていたのである。昔であれば罪を犯した二人の自殺によって幕を閉じたであろうような恐ろしい醜聞が村中に広まった。しかし現在の状況下では、彼らは妹の方が結婚して村を去るまでの数カ月間平気で押し通し近親相姦を続けることができた。

実の兄弟姉妹間の近親相姦の外に、すでに述べたように、スヴァソヴァと呼ばれる外婚規制違反がある。同じ氏族の女は禁じられており、これに違反した場合には罰として恥かしめを受けまた体中に吹き出ものが出る病気にかかる。しかしこの病気に対しては呪術があり、それは私の情報提供者の多くが、自慢げににやにやしながら話してくれたところによれば、絶対的に効き目のあるものなのである。こうしたできごとについての道徳的な恥は実際には小さなものであり、公的な道徳の他の多くの規制の場合同様、それを破った者は気がきいた奴ということになるのである。本当のドン・ファンであり自信のある若者たちは未婚の娘を馬鹿にして常に人妻ことに首長の妻と関係しようと努めるか、さもなければスヴァソヴァを行なおうとする。「スヴァソヴァヨク」つまり「よお、外婚規制を破る奴！」という表現は、「よお、陽気なやっこさん」といったような響きをもったおどけた賛辞なのである。

この説明を完結するために、ここで、タブーの強調され加減や厳格さは兄弟姉妹間の近親相姦ほどではないにもかかわらず、母と息子の近親相姦の例はひとつとして、見つけることができなかったし、その疑いのある例すら見つからなかったという否定的な証言をつけ加えておこう。トロブリアンド島民の典型的な家族情操を要約した際に、私は父と娘の関係は家父長制社会のものと同様の型に従って形成されている唯一の例であることを述べておいた。それからも予想されるように父娘間の近親相姦は決してまれなできごとではない。まったく疑問の余地のない二、三の場合が私の記録の中にも見られる。そのうちのひとつは、父親と関係する一方当時私のところで働いていた少年の恋人でもあった少女の場合である。少年は彼女と結婚したいと思い、私に経済的精神的に援助してくれるよう頼んできた。その結果私はその近親相姦について詳細な情報を得たが、それによれば父娘の間にそうした関係があったこと及びその関係が長く続いたということについてはまったく疑問の余地がなかった。

これまでのところでわれわれは、性に関するタブーとそれを破って夢や犯罪行為や激情の中に己を現わす抑圧された願望について述べてきた。これと同様に抑圧された犯罪的な願望をはらんだ関係がもうひとつあり、それは男が母系家長つまり母の兄弟に対してもつ関係である。夢に関して言えばここで注目しておくべきひとつの興味深い事実がある。それは、死を予言する夢においては、おじの死をあらかじめ夢みるのは常に彼のヴェヨラ(真の親族)、普通彼の姉妹の息子であるという信仰が存在することである。夢の領域ではなく行為の領域に属する重要な事実は邪術(ウィッチクラフト)と関係をもっている。病気をもたらす黒呪術を手に入れた者は最初の犠牲者を母方の近親の中から選ばなければならない。男は非常にしばしば自分自身の母を選ぶといわれている。それゆえ誰かが黒呪術を学んでいると分ったときには、彼の真の親族つまり母方の親族は例外なくこわがり身の危険に対して警戒する。

具体的な犯罪の年代記の中にも、われわれの問題に関連がありここで記録しておくべき例がいくつかある。そのうちのひとつは当時私が住んでいた場所から三〇分ほどのところにあるオサポラ村で起こり、私は当事者たちをよく知っていた。三人の兄弟がおり、長男は盲だった。一番年下の男はいつもビンロウジュの実を十分熟す前にとり盲の兄の分け前を横取りするのを常としていた。盲の兄はある日激怒して斧をつかみ、なんとか一番年下の弟を傷つけた。そこで真中の男は槍をとって盲の兄を殺した。彼は白人の駐在治安判事によって一二カ月の刑を言いわたされた。原住民たちはこれを言語道断な不公平であるとみなした。ある男が彼の兄弟を殺すということは純粋に内輪の問題である、たしかにそれはひどい犯罪であり恐しい悲劇ではあるが、外部の世界はそれと何の関係もないし、せいぜい傍観して嫌悪と憐みの情を示すことができるだけなのである。私の記録の中にはこの外にも激しい口論やつかみ合いの例があり、母系家族内部の殺人についてもさらに一、二の例がある。

他方父親殺しについてはひとつの例もない。すでに述べたように、父親殺しはかりにあったとしても原住民にとっては特別の悲劇ではなく、単に父親の氏族との間で解決すべき事柄であるにすぎない。

部族の秩序をその根底においてゆさぶる劇的なできごとや犯罪や悲劇の外にも、見たところ確固としていて静かな表面の下に煮えたぎる情欲があることを示す小さなできごとがある。すでにみてきたように、社会はそれ自身の伝統的規範や理念を形成し、それらを護るために枷や障害物をおくのであるが、この枷自体がある種の感情的な反発をよびさますのである。

私の社会学的調査の間に、慣習や法や道徳の流れに逆行する願望や性向の底流に次第に気づくようになったときほど驚いたことはなかった。母権ということ、つまり、親族の統合は母親の系統においてのみ存在し、この親族統合は義務や忠誠心だけでなくすべての愛情をも要求すべきであるということは、伝統の至上命令である。しかし現実においては、父親への友情と愛着、彼と共有している個人的な利害や願望、などは氏族外婚的な枷をふりはらいたいという願望と結びついているのであるが、それらはすべて個人的な傾向や個人生活の経験に由来する生きた力なのである。そしてこれらの力は、兄弟間や母の兄弟とおいとの間に常に存在している敵意の火花をかきたてるのに大いに貢献している。それゆえ、個人の実際の感情においては、われわれは、母系制の伝統的原理に対するいわば社会学的負数とでも呼ぶべきものをもっていることになる。[原注3]

原注1　拙著『西太平洋の遠洋航海者』における呪術に関する章や儀礼や物語の中にみられる呪文に関する詳細な記述と比較せよ。

2　"The Journal of the Royal Anthropological Institute" 一九一六年、収録の論文「Baloma」参照。

3　この点については拙著『未開社会における犯罪と慣習』一九二六年、で詳しく論じておいた。

Ⅳ　わいせつなものと神話

ここで、母系家族における典型的な情操と関連させながら伝承を検討することにしよう。これによってわれわれは、精神分析学と人類学の境界線上にあってもっともよく耕やされている部分に入り込むことになる。祖先の時代について真剣に語られる物語も楽しみのために語られるお話もなんらかの理由でそれが流布している社会の住人たちの願望に対応しているということが気づかれてからすでに久しい。フロイト学派は更に、伝承は特に抑圧された願望をおとぎ話や伝説によって満足させようとしており、この点は諺、典型的な冗談、格言、悪口のステレオタイプなどについてもあてはまる、と主張している。

この最後のものから始めよう。悪口と無意識との関係は、悪口が悪口を言われる人や言う人の抑圧された願望を満足するものであるという意味で理解されるべきではない。たとえば、東洋の諸民族や多くの未開人の間にみられる「屎を食え」という表現は、ラテン系諸国にみられる多少変形された表現同様、直接どちらの願望を満足させるわけでもない。それはこのように罵られる人物をおとしめ嫌悪の対象にすることをねらっているだけである。悪口やいわゆるののしり言葉はすべて強い情動的可能性をはらんだ表現を含んでいる。

それらのうちのあるものは嫌悪の情や羞恥心を利用し、さらに他のあるものは、その社会で忌まわしいものと考えられている行為に注意を引いたりあるいは事態をそうした行為のせいにしたりすることによって聞き手の感情を傷つけるのである。これにはたとえば瀆神の表現が含まれている。それはヨーロッパ文化においては、堂々としたスペイン語が話される場所ならどこでも発達している「¡Me cago en Dios!」[訳注24]という表現の無数の言いまわしのうちで完成と複雑さの極に達している。社会的地位や軽蔑されたりおとしめられたりしている職業や犯罪的な習慣やその他これらに類したことに言及する悪口もこれに属する。それらはすべて、その文化において堕落の極と考えられているものが何であるかを示す点で、社会学的にはきわめて興味深い。

近親相姦に言及するタイプののしりの表現においては、ののしられる人物は禁じられた親族、通常母親と関係するよう求められるのであるが、この種の表現はヨーロッパにおいてはスラブ系諸民族の得意とするところである。なかでも「お前のお袋と寝ろ」という表現の数多くの組み合わせをもっているロシア人がその首位に立っている。このタイプののしり方は、その主題のゆえに、またそれがトロブリアンドで重要な役割を果しているために、もっともわれわれの関心を惹くものである。原住民たちは近親相姦に関する表現を三種類もっている、「クウォイ　イナム」――「お前のお袋と寝ろ」、「クウォイ　ルムタ」

「お前の姉妹と寝ろ」、「クウォイ ウムクワヴァ」——「お前の妻と寝ろ」。これら三つの表現の組合わせはそれ自体として好奇心をそそるものである。というのは、もっとも合法的な性交ともっとも不法な性交とがともに怒らせ傷つけるという同じ目的のために利用されているからである。強さの順序はさらに注目に値する。母親との近親相姦への招待は、われわれが「えい、ジェリコへ行っちまえ」というように、ひやかしや冗談に用いられる軽い表現でしかない。ののしる際に姉妹との近親相姦に言及することはきわめて重大な侮辱であり本当に腹を立てているときにしか用いられない。しかし、もっともひどい侮辱は妻と同衾しろという命令型で、私はそれがせいぜい二度本気で用いられたことしか知らないが、その一度は、実は上述の兄弟殺しの事件に際して用いられたのである。この表現はあまりにひどいものなので私はそれが存在することをトロブリアンドに長い間滞在した後にやっと知ったのであった。そして、どの原住民もそれをささやくようにしか発音しようとしなかったし、その不適当なののしりを種にして冗談を言うことに同意するものはいなかった。

この順序付けの背後にある心理はどのようなものだろう。それが行為自体の不法さ加減や不快さとはっきりとは関連していないという点は明らかである。母親との近親相姦は絶対的にまた例外の余地なく問題外である。にもかかわらずそれはもっとも軽い悪口なのだ。

らい、おそらくはそれ以上に嫌悪すべきものである。しかし、すでに見てきたように、人行為の犯罪性ものののしりの表現の強弱の理由とはなっていない。この点は、もっとも犯罪性のない、実際上合法的な交わりがもっともひどい侮辱として用いられていることからも明らかである。本当の理由は、その行為のもっともらしさと現実性、及びエチケットという障壁が倒されてなまの現実に光をあてられた際の羞恥や怒りや社会的におとしめられたという感情である。夫婦の間の性的な親密さはきわめて厳格な作法によっておおいかくされている。その作法はもちろん兄弟姉妹の場合ほど厳格ではないが、その関係をほのめかすような振舞いをなくすることを直接の目的としているのである。性的な冗談やみだらなことは二人の配偶者がそろっているところでは口にしてはならない。夫婦関係の個人的直接的な性的内容について粗野な言葉でくだくだと述べることはトロブリアンド島民の感受性に対する耐え難い侮辱なのである。この心理は、ののしりの主な効力のひとつは、欲望や行為の現実性やもっともらしさとそれらに対する慣習的な抑圧との間の関係にある、ということを明らかにするというまさにその理由のためにきわめて興味深いものである。

母との近親相姦による悪罵と姉妹との近親相姦による悪罵との関係もこれと同じ心理によって明らかになる。その強さは主として、汚名に現実がどれほど似ているかによって計られるのである。原住民にとっても母親との近親相姦という観念は姉妹とのそれと同じくらい、おそらくはそれ以上に嫌悪すべきものである。しかし、すでに見てきたように、人間関係と性生活の発達全体が母親との近親相姦への誘惑には存在する余地を与えないのに対し、姉妹に対するタブーは無慈悲におしつけられ厳格かつ強力に維持されているので、この強力なタブーを破ろうとする現実の傾向は（母親の場合よりも）はるかに現実的であり活動的である。それゆえこの悪罵はひとを徹底的に傷つけるのである。

トロブリアンドには諺はないのでそれについて言うべきことは何もない。慣用的な言いまわしやその他の語法については、ここで、ルグタ（私の姉妹）という語が呪術の中で、両立し得ないことや相互的な反発作用を意味する語として用いられているという重要な事実に触れておきたい。

次に神話と伝説、つまり事物や制度や慣習を説明するという真剣な目的をもって語られる物語をとりあげることにしたい。この広範で豊かな資料の検討を明確かつ迅速なものとするために、これらの物語を三つのカテゴリーに分類することにしよう。

(1)人間や社会秩序一般、特にトーテムによる区分や社会的身分等の起源に関する神話。

(2)文化的達成やその変化に関する神話、これは英雄的行為や慣習、文化の諸側面、社会諸制度の確立などに関する物語を含むものとする。

(3)特定の呪術と結びついた神話。[原注1]

文化の母系制的な特徴は、第一のグループの神話、つまり人間や社会秩序、ことに、首長制やトーテム集団や様々の氏族や亜氏族の起源に関する神話において、ただちにわれわれの目にふれる。各地方が自分自身の伝説や異伝をもっているので、この種の神話はきわめて多数あるが相互に関連し合って一種の神話集成を形成している。人類は地面の穴を通って地中から出てきたという点ではすべての神話が一致している。各亜氏族が自分達が地上にあらわれたという特定の地点を有しており、その記念すべき時に起こったできごとが時にはその亜氏族の特権や特権のなさを決定したのである。こうした神話の中でもっともわれわれの関心を惹くのは、神話に言及される最初の祖先のグループは常にひとりの女を含んでおり、その女はある時は兄弟をともない他のときにはトーテム動物をともなっているが夫をともなっていることはけっしてない、という事実である。いくつかの神話には初代の女祖先の繁殖の仕方がはっきりと述べてある。彼女が子孫の系譜を出発させたやり方は、不謹慎にも雨に身体をさらしたのだとか、洞窟の中に横たわっていて鍾乳石のしずくに身を貫かれたのだとか、あるいは水浴びしていて魚にかまれたのだ、等とされている。彼女はこのようにして「開かれ」、精霊の子供が彼女の子宮に入って彼女は妊娠したのである[原注2]。このようにして神話は、父親の創造的な力ではなく、母なる始祖の自発的な生殖力を主張しているのである。

その外を考えても父親が現われるような役割はまったくない。実際、彼は全然言及されず、神話的世界には彼の存在する場所はない。こうした地方的な神話のほとんどは大変断片的な形で伝えられており、あるものはただひとつのできごとや権利と特権の主張だけを含んでいたりする。しかし、葛藤や劇的なできごとやその他ゆがめられていない神話に本質的な諸要素をふくんでいる神話は例外なく、母系家族とそのうちで起こるドラマを叙述している。二人の兄弟の間に争いが起こりその結果二人は別れて、各々姉妹の一人を連れて別々の場所へ行く。あるいはまた別の神話によれば、二人の姉妹が旅に出るが、意見の相違から互いに別れて二つの異なる集団を創始する。

おそらくこのグループに分類できるある神話は人間が不死を、より正確に言えば永遠の若さを失った次第を物語っているのであるが、その神話においては破局をもたらすのは祖母と孫娘との争いである。出自が女性を通じてたどられるという意味での母系制、女性が果す役割が非常に大きいという意味での母権、兄弟間の不和という点からみられた親族の女家長制的構成、要するに母系制家族のパターンが、このカテゴリーに属する神話の構造のうちに明らかにみてとれる。起源神話において夫や父がなんらかの役割を果すことはまったくないし、姿をあらわすことすらない。神話的ドラマの母系制的な性質が家族内における母系制的な抑圧と密接に関連しているということを精神分析学者に納得させるためにはこれ以上の議論は不必要であろう。

次に第二のグループの神話、つまり英雄的な行為や重要な冒険によってもたらされた偉大な文化的達成に言及している神話を検討することにしよう。このグループの神話は（第一のものより）断片的でなく、いくつもの長い物語からなり、著しく劇的な事件を展開している。このカテゴリーに属するもっとも重要な物語群は、鍾乳石のしずくに貫かれた処女から生れた英雄トゥダヴァをめぐる神話である。この英雄の行為は数多くの神話の中で誉め称えられている。それらの神話は地方毎にいくぶんか異なっているが、いずれにしても農耕の導入や数多くの慣習や道徳規範の制定を彼に帰している。それにもかかわらず、英雄自身の道徳的資質はあまり高くない。この英雄の主な功績としてすべての地方で知られていてこの種の神話の基礎になっているのは、人食い鬼を殺したことである。物語は次のように展開する。

トロブリアンド群島で人々は幸せな日々を送っていた。ある時突然ドコニカンと呼ばれる恐ろしい人食い鬼が群島の東部に現われた。彼は人肉を食って生きていて、ひとつの村から次の村へと次第に食い尽していった。その当時島の北西端のラバイと呼ばれる村に女とその兄弟たちからなる家族が住んでいた。ドコニカンが次第にラバイに近づいてきたのでその家族は逃げ出すことにした。ところがそのとき女は足にけがをして動くことができなかった。そこで兄弟たちは、彼女とその幼い息子をラバイの浜の洞窟に置き去りにして、カヌーをこいで南西の方へ逃げて行った。女は息子を育て、まず強い槍をつくるのに適した木の選び方を教え、それからひとの知力を奪うクウォイガパニの呪術の手ほどきをした。英雄である少年は勇んで出かけて行き、ドコニカンにクウォイガパニの呪術をかけた後彼を殺して首を切りとった。その後で少年は母親と一緒にタロ芋のプディングをつくり、その中に人食い鬼の頭をかくして焼いた。この気味の悪い料理をもってトゥダヴァは母の兄弟を探して航海に出た。母の兄弟をみつけると彼はプディングを与えたので、おじはその中にドコニカンの首を見つけて恐怖に戦き狼狽した。恐れと悔恨の情にとらえられた母の兄弟は、少年とその母を人食い鬼の前で見捨てたことをつぐなうためにあらゆる種類の贈物をおいに提供した。英雄は何ひとつ受けとろうとしなかったが、おじの娘を妻としてもらった後はじめて機嫌を直した。その後彼は再び出発して数々の文化的功績を達成するのであるが、それらは目下のコンテキストではわれわれの関心をひかない。

この神話にはドラマを動かす二つの葛藤がある。そのひとつは人肉をもたべる人食い鬼の食欲であり、もうひとつは母方のおじが母と息子を捨てるということである。このうち第二のものは典型的な母系制的ドラマであり、トロブリアンドの母系家族の分析の際にみたように、部族の道徳や慣習で抑圧されている自然の傾向にはっきりと対応している。母の兄弟は彼女と彼女の家族との定められた守護者である。しかもこの義務は彼にとって重荷であるばかりでなく、彼の被保護者に必ずしも感謝と喜びをもって受け入れられるものではない。かくして、神話におけるもっとも重要な英雄劇の幕開きが母系家長が義務を怠るという原罪に結びつけられねばならないというのは（母系制社会に）特徴的なことである。

しかし、この二番目の母系制的な葛藤は第一のそれとまったく無関係だというわけではないのである。ドコニカンが殺されたとき彼の首は木の皿に入れて母方のおじに提供された。もし怪物をみせて彼をこわがらせるためだけだとすれば、首をタロ芋のプディングの中に隠すのは意味のないことだろう。しかも、ドコニカンは人類全体の敵なのだから、その首をみたらおじは大いに喜んだはずである。この事件の道具立ての全体やその背後にある情動は、人食い鬼とおじの間にある種の協力関係か黙許があると想定するときはじめて意味をもってくるのだ。そう考えればひとりの人食いの首をもうひとりの人食いに食べさせることはまさに当を得た処罰であり、また、物語は現実においてはひとりの悪漢とひとつの葛藤を含んでいるのであるがそれが二つの場面に引き伸ばされ二つの人物に分化されているのだということになる。こういうわけで、トゥダヴァの伝説は母系制における典型的なドラマを含んでおり、このドラマは伝説の核をなし論理的な帰結にまでおし進められていることが分る。ここでは私は、議論の余地がなく事実そのものに含まれている諸側面を指摘したことで満足することにしよう。この神話をもっと説明するためには歴史学的神話学的仮説が必要となるのでその詳細には入らない。ただ、ドコニカンの像は母系家長との関連だけからでは説明しつくされないこと、それは父権的な文化から母権的な文化へ受容された存在であるかも知れないこと、そしてその場合には彼は父と夫を代表しているのかも知れないということを示唆しておきたい。もしそうだとすれば、この伝説は、文化の支配的な鋳型が人物や状況をどのように型にはめ変形してそれ自身の社会学的コンテキストに適合させるかを示している点においてきわめて興味深いものとなるだろう。

この神話におけるもうひとつのできごと、つまり物語の終りに主人公が母方の交叉いとこ[訳注25]と結婚するという事件については、ここでは触れるだけにしておこう。原住民の現在の親族体系においては、この結婚は近親相姦ではないとしても明らかに不適当なものであると考えられている。

もうひとつの伝説群にすすむと、実生活でしばしば起こるように、二人の兄弟が菜園の区分のことで争って兄が弟を殺すという物語がある。神話はこの行為に対する悔恨の情などについては何も述べず、そのかわりに、ドラマのクライマックスとはおよそ縁がなさそうな料理法について詳細に叙述している。兄は地面に穴を掘り、石や葉や薪をもってきて、ちょうどブタを殺すか大きな魚を釣り上げたときのように、地中のかまどで弟を焼く作業をすすめる。それから彼は焼肉を村から村へ売って歩き、臭くなると時々その肉を焼き直す。彼の売り物を断わった村々は食人の風習を得なかったが、買い入れた方はそれ以後ずっと人肉を食べるようになる。このようにして食人の風習は、兄弟殺しの行為及びこの行為によって罪深いやり方で得られた肉を好んだか嫌ったかの相違に由来するものとされている。これが食人の風習をもたない部族のみがもつ神話であることは言うまでもないだろう。食人の風習があるのとないのとの相違を、ドブの食人種やダントルカストー諸島の食人の風習がある地方の住民は、食人に不快なものとしての烙印をまったくおさない物語によって説明している。しかしその物語の核もまた、二人の兄弟姉妹の本当の争いではないとしても、ともかく彼等の間の不和におかれている点では前に触れた物語の場合と同じである。[原注3] これらの神話においてわれわれの関心をひく主な点は、兄と弟の争いにみられる母系制的な特徴である。

火の起源に関する神話は太陽と月の起源にも簡単に言及しているのであるが、この神話は二人の姉妹の間の不和を叙述している。なお、この神話においては、火は女性の生殖器の中で発生したものとされている点もつけ加えておいてよかろう。

神話の精神分析的な説明やこの主題一般に関する心理学的人類学的著述に親しんでいる読者は、私の見解がすべてきわめて単純で洗練されていないものだと思うだろう。ここで述べられていることはすべて神話の表面にはっきりと書かれていることであり、私は複雑なあるいは象徴論的な解釈はほとんど試みなかった。そうしたことは故意に避けたのである。何故なら、ここで展開された命題つまり母権的な社会における神話は特に母系的な性質の矛盾を含んでいるということは、もし疑問の余地のない議論だけによって支えられればその方が一層説得的だと考えたからである。その上、もし私が正しくてわれわれの社会学的な観点がわれわれを神話の正しい解釈に本当に一歩近づけるものであるとすれば、事実の回りくどいあるいは象徴論的な説明にそれほどたよる必要はなく安心して事実そのものに語らせることができるということは明白である。注意深い読者には、われわれが母系制的なコンプレックスの直接の結果として理解した状況の多くが、人為的象徴論的な操作によって父権制的社会の状況に対応させうるものであることが明らかであろう。生来の守護者であり常に主張を共にすべきでありながら現実にはしばしばお互いをあたかも人食い鬼同士のように見なし合っている母の兄弟とおいの間の葛藤、あるいはまた、部族法では一体であるはずの兄弟の間における争いや残忍な暴力、これらはすべて、父権的家族の内部における類似の葛藤にほぼ対応しているのである。そして母権的な神話と父権的な神話とを区別するのは俳優と配役の相違そのものでしかない。異なっているのは悲劇における社会学的な観点なのである。われわれは神話に対する精神分析的な証明の基盤をゆすぶったわけではけっしてない。われわれはこの説明の社会学的側面を訂正したにすぎないのである。とはいえ、この訂正はきわめて重要であり根本的な心理学的問題にすら関連をもっていることが十分明らかになったと信じる。

次に第三のグループの神話、文化的偉業や呪術の基礎にある神話に目を移そう。呪術はこれらの住民が行なうあらゆることにおいてきわめて重要な役割を演じている。自分たちにとって死活にかかわるような重大事でありしかも自分たちの力だけに頼っては処理できないような事柄にむかうときには、彼らは常に呪術の助けを求める。風や天候を支配するために、航海における危険を防ぐために、あるいはまた、恋愛や儀礼的交易やダンスで成功を確保するために、彼らは呪術を用いる。黒呪術も健康の呪術も社会生活において大変重要な役割を演じているし、農耕や漁撈やカヌーの建造のような重要な経済活動や事業には呪術は本質的な肝要な部分として入り込んでいる。そして、こうした呪術と神話の間には密接な関連がある。神話において英雄たちが示す非凡な力の大部分は呪術に関する彼らの知識に帰せられる。現在の人間たちは、もっとも有効なタイプの呪術が今では失われているという点で、昔の偉大な神話的英雄たちと異なっている。もしも強力な呪文や儀礼が回復されるなら、人間たちは空中を飛び、若返ることによって永遠に生き続け、ひとびとを殺した後再び生かし、常に美しく幸運であり常に愛され賞賛されることができるだろう。

しかし、神話が呪術から力を得るだけではなく、呪術の方も神話に依存しているのである。ほとんどあらゆるタイプの呪文や儀礼が神話的な基礎をもっている。原住民たちが語る神話は、呪術がどのようにして人間の手に入ったかを説明し同時にその呪術の有効性の保証ともなっている。おそらくこの点に神話の主な社会学的影響力があるといえよう。神話は呪術の中に生き、呪術は多くの社会制度を形づくり維持しているのであるから、神話は（呪術を通じて）それらに影響を及ぼすのである。

呪術に関する神話の具体的な例を二、三とりあげてみよう。まず最初に詳細に分っている例を検討してみるのがよいだろう。そのために、すでに全体を発表したことのある空飛ぶカヌーの神話をとりあげることにしたい。[原注4] この神話は造船の呪術と関連して語られる。それはカヌーの建造中に行なわれるとそのカヌーに空飛ぶ力を与える呪術が存在していた時代についての長い物語である。この物語の主人公、その呪術を用いた最初にして最後の人と思われるその男は舟大工にして呪術師である。われわれは、彼の指揮のもとでどのようにして一艘のカヌーが造られたか、南方への海外遠征のときに、他のカヌーは航海しなければならないのにそのカヌーだけは空飛ぶことによって他のすべてのカヌーよりいかに速く進んだか、そしてまた、その遠征においてこのカヌーの持主がいかに圧倒的な成功をおさめたかについて聞かされる。これが物語の幸福な発端である。次に悲劇が来る。村の男たちはみな主人公に嫉妬し彼に対する憎しみでいっぱいになる。その時別の事件が起こる。彼は有効な菜園呪術、つまり隣人の菜園をそこなうことのできる呪術をも持っていた。そのあたり一帯をおそった干ばつの際に彼の菜園だけが生きのびる。そこで村のすべての男たちは彼を殺さねばならないと決心する。主人公の弟は彼からカヌーの呪術と菜園の呪術をすでに教わっていた。そんなわけで、兄を殺すことによって呪術をも失うことになるとは誰も考えなかった。殺人は遂行された。しかもそれは他人によって行なわれたのではなく、主人公の弟自身によって行なわれたのである。異伝のひとつでは主人公の弟と母方のおいとが協力して彼を殺したことになっている。また別の異伝によれば、物語は、彼が兄を殺した後、どのようにして死の祝祭を組織したかを叙述している。物語の要点は次の事実にある。つまり、兄を殺した後呪術をカヌーに適用してみようとして、弟は自分が呪術全体を手に入れていたのではなく、それのあまり強力でない部分だけしか知らないことに気づいて狼狽するのである。このようにして人間は空飛ぶカヌーの呪術を永遠に失ったのである。

この神話においては母系制的コンプレックスが強力に前面に出ている。主人公は、部族法によって、弟や母方のおいと呪術を共有する義務を負っているにもかかわらず、実際には無意味な断片だけを与えておきながらすべての呪文と儀式を譲り渡したふりをすることによって、ひらたく言えば、彼らを欺したのである。他方弟の方は、兄を護り、その死に復讐し、すべての利害を彼とともにする義務がありながら、陰謀の先頭に立ち兄殺しの血で手を汚している。

この神話的状況を社会的な現実と比較してみると奇妙な対応関係があることが分る。物的な財産や経済活動にまつわる儀礼に対する権利だけでなく、家族の神話・呪術・歌謡のような家伝の財産をも母方のおいや弟に譲ることは、すべての男の義務なのである。財産に対する権利や特権のこの譲渡はしばしばその男が死ぬ前に行なわれる。母方のおじや兄からの相続によって当然自分に帰すべき物をこのように合法的に獲得する際に、ひとは常にポカラと呼ばれる一種の支払をしなければならず、しかもそれはしばしばかなりの額に達するということは興味深いことである。父親が息子に何かを与えるときには、彼はいつもただで、まったくの愛情から与えるということに留意しておくことはさらに重要である。兄が弟をペテンにかけたという神話上のできごとに対応する状況は、現実の生活においてもしばしばみられる。部族法によれば、愛情においても共通の利害においても相互の義務においても、一体であるべきこれら二人の人物の間には、常に不安感と互いに対する猜疑心とがある。呪術を手に入れるときにおじや兄にいくぶんかをだまし取られなかったかどうか当人自身が疑問に思っている、ということに私は大変しばしば気づいた。そのような疑念は、呪術を父親から贈り物としてもらったひとの胸にはけっして生じないものである。現在重要な呪術を所有しているひとびとを調査した結果、有名な若い呪術師たちの半数以上が彼らの力を、母方からの相続によってではなく、父からの贈り物として手に入れたということが明らかになった。

このように、神話におけると同様実生活においても、状況はコンプレックスすなわち抑圧された情操に対応しており、部族法や部族の伝統的な理念と矛盾している。法と道徳によれば、兄弟も母方のおじとそのおいも友人であり、協力者であり、すべての感情と利害を共にするものである。実生活においてはある程度そして神話においてはまったく公然と、彼らは敵同士であり、互いにだまし合い殺し合い、両者の間には愛と団結よりも疑惑と敵意が横行している。

カヌー神話のもうひとつの側面も注目に値する。神話の終りの部分に、弟が呪術を完全に習得しないままで兄を殺したということで、三人の姉妹が弟に対して腹を立てる場面がある。彼女ら自身はそれをすでに学んでいた。そして、女なので空飛ぶカヌーを建造することもそれで航海することもできなかったが、空飛ぶ魔女のように空中を飛ぶことはできた。兄が殺された後、彼女達は飛び去ってそれぞれ異なる地方に住みついた。このエピソードには、母系制に特徴的な女の位置が示されているが、それは、男が呪術を獲得する前に女がまずそれを学ぶという点にみられる。姉妹たちは氏族の道徳の守護者でもあるが、彼女らの怒りは犯罪そのものにむけられているのではなく、氏族の財産をそこなったことにむけられているのである。もしも弟が兄を殺す前に呪術を十分に習得しておいたのであったなら、三人の姉妹はその後いつまでも彼と共に幸せに暮したことだろう。

すでに発表したもうひとつの断言的な神話も注目に値するが、[原注5]それは海難救助の呪術の起源についての神話である。かつて二人の兄弟がいて、兄は人間であり弟は犬であった。ある日兄は漁撈のための遠征に出かけたが、弟を連れて行くのを拒んだ。犬は、安全に水泳できる呪術を母親から得ていたので、水中にもぐって兄のあとについて来る。漁をすると犬の方がたくさんの魚をとる。兄の冷い仕打ちへの仕返しとして、犬は氏族を変え、彼を養子として受け入れてくれた新しい親族に遺言でその呪術を譲る。この神話のドラマはなによりもまず、母が次男を偏愛するという、あきらかに母系制的なできごとからなっている。その際彼女は彼女のもっと有名な同類つまり聖書におけるエサウとヤコブの母のように父をだますことは必要とせず自分の偏愛をあからさまに及ぼしている。ここにはまた母系制の典型的な争い、つまり兄による弟の虐待とそれへの報復もある。

ここでもうひとつの重要な物語に触れておかねばならない。それは愛の呪術の起源に関する伝説であり、母系制コンプレックスの影響を示すという点ではもっとも雄弁な証拠である。これらの多情な人々の間では、異性を誘惑し、よろこばせ、自分を印象づけるための術策は、美や武勇や芸術的才能の誇示を通して行なわれる。すぐれた踊手や歌手や戦士の名声は性的な意味合いもあわせもっている。野心はそれ自身強い駆動力ではあるが、その一部は常に愛の祭壇に犠牲として捧げられる。しかし、呪術という散文的で露骨な方法が他のいかなる誘惑手段にもまして広く用いられ、原住民の最高の尊敬を得ている。部族のドン・ファンたちは、自分の個人的な資質よりもむしろ自分の呪術について自慢する。他方、それほど幸運でない恋人たちは呪術に憧れて嘆息する。「もしも私が本当のカイロ、イ、ウ、オを知っていさえすれば……」という考えが失恋したひとの心を悩ますのである。原住民たちはまた、年とっていてしかも醜い身でありながら呪術のお陰で恋愛においてはいつも幸運であるような男を引き合いに出す。

この種の呪術は単純ではない。一定の呪文と儀礼から成る一連の段階があり、それらは、目指す恋人に次第に増大する呪力をかけるよう順番に行なわれなければならない。ここで、恋人を征服しようとする若者達だけでなく賛美者を得ようとする少女達もこの種の呪術を用いるのだという点をつけ加えておくべきだろう。

冒頭の呪文は海における儀礼的な水浴びと結びついている。原住民達が水浴用のタオルとして皮膚をかわかし摩擦するために用いている海綿状の葉の上で呪文が唱えられる。水浴するひとは呪術をかけた葉で皮膚をこすった後それを波間に投げる。その葉が波に乗って上下するように恋の対象となっているひとの心も情欲によってゆすぶられるのである。ある場合にはこの呪文だけで十分であるが、もしそれで駄目ならば、冷たくあしらわれた恋人はより強力な呪術に訴える。第二の呪文はビンロウジュの実にむかって唱えられ、恋するひとはそれを嚙んで自分が愛する者の方にはき出す。これもまだ無効であると分った場合には、これまでの二つよりもさらに強力な第三の呪文をビンロウジュの実やタバコのような嗜好品にむかって唱え、その一片を愛するひとが食べるか嚙むかあるいはまたタバコとして吸うように与える。これよりももっと強い非常手段としては、手のひらに呪術をかけそれを愛するひとの胸に押しつけるという方法がある。

最後のそしてもっとも強力な方法は、比喩をすすめすぎるという恐れなく、精神分析的と呼び得るものである。事実、フロイトが夢のすぐれてエロティックな性質を発見する前に、それと似た理論が、北西メラネシアの褐色の肌のひとびとの間に広く流布していたのである。彼らの見解によれば、ある種の呪術は夢を生じさせることができる。そのような夢の中で芽生えた願望は目覚めているときの生活に浸透し、それによって、夢の中の願望は実現されるのである。これはひっくり返されたフロイト理論である。しかし、ここではどちらの理論が正しくどちらが誤っているかを明確にしようとは努めないことにする。愛の呪術に関していえば、ある種の芳香性の植物の葉にココナッツ油を調合したものに呪文を唱えて、夢をみさせる強い力を与える方法もある。もし呪術師がこの醸造品の香りを恋人にかがせることに成功すれば、彼女は必ず彼の夢をみるだろう。この夢の中である情景を見、ある経験をすると、彼女は必然的にそれを醒めているときの行動に移そうと努める。

いくつかある愛の呪術の方法の中で、スルムウォヤの方法はずばぬけて重要である。この方法には偉大な効力があると信じられていて、その呪文と儀礼を買ったり自分のためにこの呪術をかけてもらったりするには多額な代償を支払わねばならない。この呪術には二つの地域的中心がある。そのひとつは本島の東岸にある。清らかなさんご砂のすばらしい浜辺が西にむかって海を見下ろしており、そこに立つとよく晴れた日には、さんご礁の上の白いくだけ波の彼方に遠く隆起しているさんご岩群のシルエットがみえる。その岩群の中に愛の呪術のもうひとつの中心地であるイワ島がある。本島の方の中心地は、クミラブワガの村の人達が水浴びをしたりボートを漕ぎ出したりする場所でもあるが、人々にとってはほとんど愛の聖地とも称すべき場所である。そこでは、島を縁どる豊かな植物の茂みの外側の白い石灰岩の中に、原初の悲劇が起こった洞窟がある。その洞窟の両側には、今もなお儀礼を通して愛を喚起する力をもつ二つの泉がある。

呪術と愛に関する美しい神話が、海をへだてて向き合っているこれら二つの場所を結びつけている。この神話のもっとも興味ある側面のひとつは、それが愛の呪術の存在を、土地の人々にとって恐ろしく悲劇的なできごとである兄と妹の近親相姦によって説明していることである。その点ではこの神話は、未開社会における数多くの同様の物語に似ていると同時に、トリスタンとイゾルデ、ランスロットとグィニヴィア、ジークムントとジークリンデなどの伝説とも若干の近親性を示している。

かつてクミラブワガの村に、息子と娘を一人ずつもったマラシ・クランの女が一人いた。ある日、母親が布製のスカートを裁断している間に、息子が草の葉に呪術をかけた。彼はある女の愛をかち得ようとしていたのである。彼は辛いクワヤワガの葉と甘い香りのするスルムウォヤ（ハッカ）を澄んだココナツ油の中でまぜて煮たものにむかって呪文を唱えた。彼はそれを固くなったバナナの葉の容器に入れて草ぶき屋根の中にかくした。それから彼は水浴びに海の方へ行った。そうこうしている間に、彼の妹の方はココナツの壺に水を充たしに泉へ出かける準備を終えていた。魔法の油が置いてあるところを通ったとき彼女の髪の毛が容器に触れて、油が数滴彼女にかかった。彼女はそれを指で払い落し、その指のにおいをかいでみた。水を汲んで戻ってくると彼女は母親にたずねた、「あのひとは、私の兄さんはどこにいるの」。その土地の人達の道徳観によればこれは恐ろしいことであった。少女は兄弟についてたずねるべきではないし、男としての兄弟について話すべきでもないのだから。母親は何が起こったのか推測してひとり言を言った、「ああ、私の子供達は気が狂ってしまった」。

妹は兄の後を追い、彼が浜辺で水浴しているのを見つけた。彼は腰をおおう葉を身につけていなかった。彼女はスカートをずらして裸になり彼に近づこうとした。この恐ろしい情景にぞっとした彼は、ボカライワタの浜を北でふさいでいる切り立った岩に行手をはばまれるまで浜づたいに逃げた。そこで彼はむきをかえて駆け戻ったが、今度は南の端の急傾斜に立ちはだかっていて登ることのできない岩にさえぎられた。こうして彼らは、大きな樹の陰を三度浜づたいに往復したが、とうとう兄は疲れ果てて妹に追いつかれつかまってしまった。二人は倒れ、波が愛撫する浅瀬で互いを抱擁した。恥しさと悔恨の情にさいなまれたが、恋の炎は消えないので、彼らはボカライワタの洞窟へ行き、飲まず食わず眠りもしないでそこにとどまった。やがて彼らがそこで抱き合ったまま死ぬと、彼らの死体から土着種のハッカ（スルムウォヤ）である甘い香りの植物が生え出た。

イワの島に住む一人の男がこの悲劇的な事件に関する呪夢（キリサラ）をみた。彼はヴィジョンを目のあたりにした。目が覚めると彼は言った。「二人はボカライワタの洞窟で死に、二人の死体からスルムウォヤが生えている。行かなくてはならない」。彼はカヌーをとり出し、彼が住む島とキタヴァの島の間の海を漕ぎ渡り、そこからさらに本島に行き悲劇の浜辺に上陸した。そこで彼は、砂アオサギが洞窟の上空を舞っているのを見た。彼は洞窟に入り、恋人たちの胸からスルムウォヤ草が生えているのを見た。彼が村へ行くと、死んだ兄妹の母は、恥ずかしいできごとが彼女の家族をおそったことを白状した。母は男に呪文を教え、男はそれを暗記した。彼は呪文の一部をクミラブワガに残し、他の部分をイワへ持ち帰った。洞窟で彼はハッカを摘んでそれも持ち帰った。彼は彼自身の島イワへ戻って言った、「ここに私は呪術の先端を持ってきたが、その根はクミラブワガに残っている。それはこれからさきも水浴びによいカデイウサワサの水路とボカライワタの水に結びついて、彼の地にあり続けるだろう。ひとつの泉では男が、他の泉では女が水を浴びなければならない」。それからイワの男は、その呪術をめぐるタブーを課し、儀礼の内容を厳密に規定し、他処者がその呪術を用いたり聖地を利用したりするときには相当の支払いをイワとクミラブワガの人々にすることを条件として定めた。その浜で呪術を行なおうとする人々には、伝統的な奇蹟あるいは少なくとも前兆があらわれる。神話においてはこの前兆はあのイワの男が定めたものとされているが、それによれば、呪術が行なわれよい結果が期待できるときには、小さな魚が二匹浜辺の浅瀬で一緒にたわむれているのが見られるという。

私は神話のこの最後の部分を要約するだけにしておいた。その理由は、元のままの形では、この部分は自慢話に堕していてうんざりさせられるような社会的な主張を含んでいるし、奇蹟的な要素の説明は結局のところ最近の過去の想い出話に帰着してしまうし、儀礼の詳細は専門用語にまで発達しており、タブーのリストは規範的な説教みたいなものになっているからである。しかし、原住民の語り手にとっては、実践的実利的にもしばしば個人的にも利害のからんでいるこの部分は、おそらく残余の部分よりもっと重要なのであろうから、人類学者も先行する劇的な話からよりもこの部分からさらに多くのことを学ばなければならない。神話の中に社会的な主張が含まれているのは、神話が言及する呪術が個人的な財産だからである。それは、十分に権利のある所有者から合法的な相続者に譲り渡されなければならない。呪術の力はすべて正当な相続によって保証されている。現在の行使者が直接的な血縁関係の連鎖によって源泉に結びついているという事実がもっとも肝要なことなのである。ある呪文においてはすべての行使者の名前が列挙される。すべての儀礼と呪文において、それらが最初の型に絶対的に合致しているとの確信は欠くことができない。そして、神話は究極的な源泉としての、言い換えれば、この遡行のさい果てにある範型としての役割を担っているのである。神話はまた、呪術の継承を規定する憲章であり、その系図の出発点である。

このことと関連して、神話と呪術の社会的背景について二、三述べておかなければならない。ある種の呪術は特定の地域と結びついていない。妖術、愛の呪術、美の呪術、クラの呪術などはこのグループに属している。この種の呪術においても由来は重要である。血縁を通じての由来ではないが。その他の種類の呪術は、一定の地方、地方的な産業、首長とその本拠地に属している主要で排他的な諸権利などと結びついている。すべての菜園呪術は、このグループに属している——つまり菜園呪術はそれが生じた土地においてのみ有効なのである。サメ漁その他の地方色のある漁の呪術もこのグループに属している。このグループにはその外に、ある種のカヌー呪術、装飾用に用いられる赤い貝殻の呪術、なかんずく、ワイギギ、つまりオマラカナの最高首長のみの特権である降雨と日照を左右する最高の呪術が含まれている。

こうしたタイプの地方的な呪術においては、呪文の秘密の力はその村に住んでその呪術を行使している集団に結びつくと同時にその地方とも結びついている。こうして、呪術は単に地域と結びついているばかりでなく、母系親族集団の内部で排他的に相続されるものでもある。これらの場合には呪術に関する神話とならんで、団結心の形成に寄与し集団に共通の文化的価値を提供することによって集団を統合する本質的に社会学的な力としての、地域社会の起源神話がなければならない。

上記の物語の最後の部分で目立っておりその他のたいていの呪術神話にもみられるもう

ひとつの要素は、前兆や奇蹟を数えあげることである。地方神話が先例によって集団の権利を確立するように、呪術の神話は奇蹟によってそれを保証する、といってもよいだろう。呪術は、つねに伝説に由来し人間に宿っている特別な力に対する信仰にその基礎をおいている。[原注6] この力の有効性は神話によって保証されてはいるが、人間がつねに究極的な証明として受け入れる唯一のもの、つまり具体的な結果を通じて確認される必要がある。「樹はその果実によって知られる」。未開人も科学をもつ近代人と同様に、自分たちの信念を経験的な事実によって確証しようと熱心に努めるのである。未開と文明とを問わず、信仰における経験主義は奇蹟に在る。そして生きている信仰はつねに奇蹟を生む。聖人と悪魔をもたず、啓示としるしをともなわず、信者の共同体に降る神の霊がないような文明化された宗教はひとつとしてない。それが交霊術や神知学の形であろうとクリスチャン・サイエンスの形であろうと、自らの正当性を超自然的なものの顕現という確固とした事実によって証明できないような新奇な信条や新しい宗教などは存在しない。未開人も彼らなりの奇蹟論をもっている。そして呪術が超自然観のすべてを支配しているトロブリアンドでは、それは呪術に関する奇蹟論なのである。あらゆる形の呪術をめぐって小さな奇蹟の絶えることのない細流があり、それは時にはより大きくより顕著な超自然的証明にふくれあがり、やがて再びより小さな流れとなるといったことはあっても、奇蹟のこの流れがなくなってしまうことはけっしてない。

たとえば愛の呪術においては、それは、その成功に関する絶え間ない自慢話のようなものから、大変醜い男が有名な美女たちの情熱をかきたてたといったいくつかの注目すべき例を経て、上記した近親相姦という最近の悪名高い例において奇蹟を起こす力の頂点を示している。近親相姦といった犯罪は現在でもしばしば、神話における恋人たち、クミラブワガの兄妹をおそったと同様の事故の結果として説明される。つまり神話は今日のすべての奇蹟の背景をなしており、依然としてそれらの範型として働いているのである。他の物語を例にして、神話が叙述する原初の奇蹟と生きた信仰が生む現在の奇蹟におけるそれの繰り返しとの間に、上記のものと同様の関係があることを示すこともできよう。『西太平洋の遠洋航海者』の読者は、儀礼的交易に関する神話がいかに現在の慣習に影響を及ぼしているかを記憶しているだろう。雨や天候に関する呪術においても、農耕や漁撈に関する呪術においても、呪力の顕著で奇蹟的な確証のうちに、弱まった形で再現した原初の奇蹟をみようとする傾向が強い。

最後に慣習的な命令、つまり儀礼やタブーや社会的規制の設定はたいていの神話的物語の最後のところであらわれる。ある呪術の行使者がその呪術に関する神話を物語るときには、当然のことながら自分の役割をその物語の必然的な結果であると述べる。彼自身、自分がその呪術の創始者と一体であると信じているのである。すでに見てきたように、原初の悲劇が起こりそれにゆかりのある洞窟や浜辺や泉のある土地は、呪力を注ぎ込まれた聖地となる。もはや呪術に対する排他的な独占権をもっていないその土地の人々にとっては、今なおその場所と結びついている若干の特権はこの上なく価値あるものなのである。それゆえ、儀礼のうちでも今なおその土地に結びつけられている部分が自然と彼らの注意をひくことになる。

オマラカナの降雨と日照りの呪術は首長の権力を支える基石のひとつであるが、この呪術に関する神話は、今なお儀礼に姿をあらわす一、二の地域的な特徴をめぐって展開している。

性的な魅力や異性を誘惑する力はすべて愛の呪術に由来すると信じられている。サメやカラの漁に関する儀礼においてもその土地に特徴的な要素が姿をあらわす。しかし、呪術を一定の土地に結びつけない物語においても、儀礼のとり行ない方に関する長々とした規定は、物語の構成部分として語られたり登場人物の一人のセリフとして挿入されたりする。神話がもつ規範としての性格は、神話の本質的に実用的な機能、つまり儀礼や信仰や生きている文化との密接な関連を示している。精神分析学的な著述家たちはしばしば、神話を「民族の不朽の夢」として描いている。しかしこの定式は、ここで明らかにした神話の実践的実用的性格を考慮に入れるなら、大まかな近似としてすら正しくないと言えよう。この点については他の場所で詳しく取り扱っているので、ここであまり触れる必要はない。[原注7]

本書において私は、集中的なフィールド・ワークにおいて自分自身で直接研究した文化だけにかぎって、母系制コンプレックスの影響をたどってみた。しかし本書で得られた結論ははるかに広い範囲に適用できる。なぜなら、兄弟姉妹の間の近親相姦の神話は、母系制を有するひとびとの間、殊に太平洋地域においてしばしばみられるし、兄と弟、あるいは母方のおじとおいの間の憎しみと抗争は世界の民間伝承の特徴的な側面のひとつだからである。

原注1　拙著『西太平洋の遠洋航海者』の神話に関する章、殊に三〇四頁以降を参照せよ。

2　フロイト学派の人々は、これらの神話の背後にあるシンボリズムを支えている心理に関心を抱くだろう。次の点に留意しておくことが必要である。つまり、原住民達は、男性精液の受精作用については何も知らないが、処女は妊娠することができず、母となるためには女はいわば「開かれ」なければならないということは知っている。この「開くこと」は村の日常生活においては早い時期に適切な期間に行なわれる。しかし神話における女始祖の場合には、夫やその他性的な資格のある男性の相手はまったくいないので、魚や鍾乳石のような自然物が選ばれる。

この主題に関する資料については『プシュケ』誌、一九二三年十月号の拙稿（一九二七年『未開心理における父』として刊行）参照。

3 これらの神話は、拙著『西太平洋の遠洋航海者』の「神話」に関する章、三二一―三三二頁に収録しておいた。

4 前掲書、四二一頁以下、参照。

5 前掲書、二六二―二六四頁、参照。

6 前掲書、「呪術」および「呪術における言葉の力」に関する章。オグデンとリチャーズの『意味の意味』（石橋幸太郎訳一九六七年ぺりかん社）第二章、参照。

7 『未開心理における神話』Psyche Miniatures 1926、gen. ser. no.6, p128, London.

第三部　精神分析と人類学

I　精神分析と社会科学との間の裂け目

エディプス・コンプレックスに関する精神分析の理論は、最初、社会学的な、あるいは文化的な背景にふれることなしに、その枠組みがつくられた。これは、まったく自然なことだった。というのは、精神分析は、臨床観察にもとづく治療法としてはじまったからだ。それは、その後、神経症の一般的説明に、それから心理過程一般の理論にまでおよび、最後には、身体と精神、社会と文化のほとんどの現象を説明してしまうシステムになった。こういった主張は、あきらかに、野心的すぎるもので、それを部分的に実現することでさえ、精神分析の熟練者と他のさまざまな専門家との、知的で誠意のある共同作業によってのみ可能だったのだ。もしそのような共同作業が行なわれていたら、後者は精神分析の原理に精通することによって研究への新しい道へ導かれると同時に、自分たちの専門的な知識や方法を、精神分析学者たちに提供することができたはずである。

不幸なことに、精神分析という新しい教義は、あたたかく迎えられたわけでもなければ、知的客観的に評価されたわけでもなかった。それどころか、逆に、ほとんどの専門家達は、精神分析を無視し、あるいはそれに敵対した。その結果は、精神分析の側の、多少融通のきかない秘教めいた自己隔離と、他の陣営の側の、心理学におけるこの疑いもなく重大な成果についての無知なのである。

この本は、人類学と精神分析の協力をめざしている。似たような試みもいくらか精神分析の側からなされてきたが、その一例として、アーネスト・ジョーンズ博士の興味深い論文[原注1]をとりあげることにしたい。その論文は、この本の第一部――それは一九二四年に二つの予備的な論文として発表したものだが――に対する批判なので、われわれにとって特別な重要性をもっている。ジョーンズ博士の論文は、未開社会へアプローチする方法が、人類学者と精神分析学者とでは異なるという典型的な実例を示すのに役立つ。それは、次の事情のためにそうした目的には特に適している。というのは、メラネシア人の間における母権制を彼がいかに説明しているか、原住民の法体系と親族組織の複雑さを彼がいかに理解しているかが、人類学上のむずかしい問題に対する彼の理解範囲を示してくれるからだ。

ジョーンズ博士の考えを、ここで手みじかに要約しておこう。彼の論文のもつ意図は、母権制度と、ある種の未開人の間でみられる父性に対する無知とに精神分析的な説明を加えることである。精神分析学者にしたがえば、これら二つの現象を、単純に額面通りに理解すべきではない。というのは未開人は出産について自分の考えを提示するとき、「真実に関して少なくとも無意識の知識をもっていることを示すような」正確な象徴を用いているからである。そして、父子関係の事実についてのこの抑圧された認識は、母権制の諸側面ともっとも密接な関係にある。というのは、両者とも同じ動機——発育期の少年が、父親に対して感じる憎しみをそらせようとする願望——によって動かされているからである。

この仮説を傍証するために、ジョーンズ博士は、トロブリアンド島の資料をかなりの程度利用したが、私とは異なる結論を出しており、特に中心的な命題——すなわち、特定の文化のもつ社会構造が、中核家族コンプレックスの形態を決定するという命題——に関して異なっている。ジョーンズ博士は、フロイトの、エディプス・コンプレックスは根源的な——事実上でも原初的な——現象だという理論を信奉している。彼の見解では、エディプス・コンプレックスを構成する二つの要素がある。それらは母親への愛と父親への憎しみで、後者は、抑圧という現象を持ち込むのでとくに重要である。このことからの逃げ道は、単に誕生に関する父親の役割を否定することに、つまり「性交と生殖における父親の役割を認めず、したがって、彼に対する憎しみをやわらげ、そらせること」に求められる。（一二二頁）しかし、これでもまだ父親は完全には片づいていない。「理想化された父親像から切り離すことのできない畏敬の念、恐怖、尊敬、抑圧された敵意の態度」は、「未開人の強迫的なアンビヴァレンス」から生じるものなのだが、これを処理することが残っている。そこで母方のおじが、いわば身代わり、つまり権威のある年長者（父親）のすべての罪をおしつけることのできる身代わりとして選ばれ、父親の方は、家庭内の親しみやすく楽しい存在となる。こうして、われわれは、「本来の父親が、やさしくて寛大な現実の父親と厳格でモラルの守護者たるおじに分解している」（一二五頁）ことを知る。言い換えると、母権制と父性についての無知との組合わせが、父親と息子の間の争いや敵意を防いでいるのである。ジョーンズ博士にとってはエディプス・コンプレックスこそ根源的なものであり、「おじ・コンプレックスをともなう母系制度は、原初的なエディプス傾向に対する防御の方法としてはじまったのである」（一二八頁）。

こういった見解は、この本の最初の二部を読んだ人にとっては、まったく耳なれぬものではないし、またその本質的な部分は健全であると思えるかも知れない。

しかし私は、母権制も父性についての無知も、「発育期の少年が父親に対してもつ憎しみをそらせるために」（一二〇頁）生じたのだ、というジョーンズ博士の主な論点に、無条件で賛成するわけにはいかない。私は、この所説を立証するには、さまざまな人類学的な領域で十分に吟味することが必要だと考える。しかし、この見解は、私には、私がメラネシアで発見したすべての事実や、文献をとおして知ったどんな親族組織とも、完全によく一致しているように思える。今後の研究によってジョーンズ博士の仮説が立証されれば、私はそうなるだろうと思うし、そうなることを願ってもいるが、私自身の寄与がもつ価値は、明らかにいっそう高まるだろう。というのは、そうなれば私は単に偶然的な結合型に注意を向けたのではなく、普遍的な進化論的、発生論的重要性をもつ現象を発見する好機会にめぐまれたことになるからだ。ある意味で、私にはジョーンズ博士の仮説は、母権制における家族コンプレックスは、エディプス・コンプレックスとは異ならざるを得ないし、母系制においては、憎しみの感情は父親から母方のおじへ転移され、近親相姦的な誘惑は母親よりむしろ姉妹に向けられる、という私自身の結論の大胆で独創的な拡張であるとも考えられる。

ジョーンズ博士がとっている有効な視点に関しては私は彼を支持するのだが、彼の考えにはこの外に因果論的あるいは形而上学的な強調点があり、そのなかで彼は、コンプレックスが原因で社会学的構造全体はその結果であると考えている。ジョーンズ博士の論文のなかでは、民間伝承、慣習、制度に対する大多数の精神分析的解釈と同じように、エディプス・コンプレックスは文化、社会組織、それに伴う考え方のタイプとは無関係に存在するかのごとく世界中どこでも普遍的にみられると考えられている。われわれが、どこの民間伝承のなかに二人の男の間の憎しみを見出そうと、その一人は父親を象徴するもの、もう一人は息子を象徴するものと解釈され、その社会で、父親と息子の間に葛藤の起きるどんな機会があるのかなど、どうでもよいことであるらしい。あるいはまた、われわれが神話上の悲劇のなかにたいへんしばしば見出す抑圧された不義な激情は、つねに母親と息子の近親相姦的な愛に由来するものと見なされる。たとえそういった誘惑が、その社会がとっている組織形態によってなくされているということを示すことができてもこの見解を変える必要はないと考えられている。その結果、ジョーンズ博士は前に引用した論文のなかで、「純粋に記述的なレベルでは」私の結論は正しいかもしれないが、私が主張している社会と心理の相関関係は「まったく疑わしい」（一二七頁）と主張している。さらに「もしも、資料の社会学的側面に注意を集中させるなら」私の見解は、「たいへん率直な、たぶんもっともらしくさえある提案のようにみえる」かもしれない。ただ「問題の発生論的側面に対する注目の仕方が足りなかったことが「奥行きのある見通し、つまり、無意識に対する深い知識に基づく価値感覚の欠如に導いてしまった」（一二八頁）のである。結局のところジョーンズ博士は、私にとってはいささか気が滅入るような結論に達している、「マリノフスキーと逆な考え方こそ、真実により近いものだ」(同上)。

これらの引用のなかでほのめかされているような精神分析学説と経験的な人類学あるいは社会学との根本的な矛盾は実際には存在しない、と私には思える。私は、精神分析が文化についての経験科学から切り離されているとも、また人類学における記述的な作業が精神分析理論の援助を拒まれているとも考えたくない。同様に、わたしが社会学的側面を強調しすぎたという非難を認めることもできない。わたしは、中核コンプレックスの定式化に際して社会学的な要因をもち込もうと試みたが、しかし、生物学的、心理学的、あるいは無意識的要因のもつ重要性を、過小評価したのではけっしてない。[原注2]

原注1 「母権と未開人の性的無知」『国際精神分析学雑誌』vol. vi. part2, 一九二五年、一〇九―一三〇頁。

2 「精神分析と人類学」『プシュケー』誌 vol. iv.

Ⅱ 「抑圧されたコンプレックス」

私の主な論点は、ジョーンズ博士自身によって、「中核家族コンプレックスが、ある社会に存在する固有の家族構成によって変化するという見解」であるとして簡潔に要約されている。「彼（マリノフスキー）にしたがえば、よくわからない社会的、経済的な理由から、母系的な家族組織が現われ、その中では、抑圧された中核コンプレックスは、兄弟と姉妹のあいだの誘引力、及びおじとおいの憎しみとからなっている。このシステムが父系制にとって代わられると、中核コンプレックスはよく知られているエディプス・コンプレックスになる」。（一二七、一二八頁）これはすべて、私の見解に対するまったく正しい解釈である。ジョーンズ博士は、私が以前に発表した結論の範囲を越えてしまってはいるが。私の論文の全体をとおして、私はフィールド・ワーカーとして「純粋に記述的なレベル」にとどまったが、ここでは、まもなく私の発生論的な見解を述べる機会をもつだろう。

すでに触れたように、重要な難点は次の事実にある。すなわちジョーンズ博士やその他の精神分析学者にとって、エディプス・コンプレックスはなにか絶対的で原初的なもの、彼自身のことばで言うと、すべてのものごとの根源なのだ。一方、私にとって中核家族コンプレックスというのは、社会構造や文化によって変わる函数的な構成物なのである。それは、ある社会でなされている性的な制限のしかたや、権威の割当てられかたによって必然的に決定される。私には、コンプレックスが、すべてのものごとの最初の原因だとか、文化、組織、信念の唯一の源だとか、創造力はあるが被造物ではなく、すべてのものごとに先行し他のなにものによって引き起こされたのでもないような形而上学的実体だとはとても思えない。

私が指摘した不明な点と矛盾とをはっきり示すために、ジョーンズ博士の論文から、より重要な個所を引用しよう。その個所は、未開社会の慣習についての正統派の精神分析的論議を例示している。

メラネシアの母系制社会でのように、たとえそれらが実際に存在していることがはっきりとはわからないところでさえ、「原初的なエディプス傾向は潜在している。つまり、禁じられしかも無意識に愛されている姉妹は、実は単に母親の代わりにすぎず、それは、おじが明らかに父親の代わりであるのと同じだ」。(一二八頁)言い換えると、エディプス・コンプレックスは、単にもう一つのコンプレックスによっておおい隠されているか、わずかに色のちがう他のコンプレックスで上塗りされているだけだ。実際には、ジョーンズ博士は、さらに強い用語を使って、「コンプレックスの抑圧」や「それによってこの抑圧が引き起こされ維持されるような、さまざまな複雑なからくり」(一二〇頁)について述べている。ここで最初の不明な点が出てくる。私は常に、部分的には表面に現われ部分的には抑圧されるが、無意識のなかに実際に存在している態度と情操の具体的な複合体がコンプレックスであると考えてきた。そういったコンプレックスは、いつも、精神分析の実践や、神話、民間伝承、その他の無意識の文化的な現われの研究によって、経験的にわかる。しかし、ジョーンズ博士が十分認めているように、もしエディプス・コンプレックスを構成する典型的な態度が、意識のなかにも無意識のなかにも見出せないとしたら、また、すでにわかったように、その痕跡が、トロブリアンドの民間伝承、夢、空想、その他のどんな徴候にもぜんぜんないなら、そしてわれわれが、こうしたすべての現われのなかに、そのかわりとして別なコンプレックスを見出すならば――それなら、抑圧されたエディプス・コンプレックスは、どこにみられるのだろうか。現実の無意識の下に下位無意識があるのだろうか。さらにまた、抑圧された抑圧という考え方は何を意味しているのだろうか。確かに、このことは普通の精神分析の学説の範囲を越え、われわれを何か未知の領域へ導いてしまう。私は、それが形而上学の領域ではないかとさえ思う。

次にコンプレックスの抑圧を引き起こすからくりに移ろう。ジョーンズ博士によると、このからくりは、現実の親子関係を否定するさまざまな慣習や、儀礼上の血縁の設定、父性に関する無知をよそおうことなどによって、生物学的血縁関係と社会的親族関係を分離させる傾向のなかにある。私は、ここで、この点については、多少の異論はあるが、ジョーンズ博士の見解にたいへん賛成であることを言っておきたい。しかし、私は、自分が「肉体的な父性に関する目的のある否認」について語るべきかどうかについては確信がもてない。というのは、私は、こういった複雑な生理学上の過程に関する無知は、消化作用、分泌作用、ゆるやかな肉体のおとろえ、要するに人間の体内で起こるすべての過程に関する無知と同じく自然で、あたりまえなことだと信じているからだ。私には、文化的にたいへん低いレベルの人々が、他のすべての自然科学の分野において、できごとの因果関係をほとんど知らないにもかかわらず、胎生学のある分野については早い時期に啓示を受けた、と考えるべき理由がわからない。ただ、文化のなかでの生物学的な関係と社会的関係の分離、あるいは少なくとも部分的な独立が、未開社会ではきわめて大きな重要性をもっているということは、ほどなくかなりくわしく示すつもりである。

しかし、父性に関する無知についてのジョーンズ博士の見解には、いささか矛盾があるように思える。あるところで次のように述べられている、「父親の生殖作用に関する無知と、母権制度とのあいだには、きわめて密接な平行関係がある。私の見解によれば、この両方とも同じ動機からうまれたものだ。しかし、どんな時間的な前後関係でそれらがあらわれるかは、まったく別の問題なので、この点については後で触れよう。いずれにしてもその動機は、どちらの場合も、発育期の少年が父親に対して感ずる憎しみをそらせるということである」。(一二〇頁)この点は重大だが、ジョーンズ博士はそれほど確信をもってはいない。というのは、彼は別なところで、「父親の生殖作用という事実に関する未開人の無知、あるいはむしろ抑圧が、母権の必然的な付属物だと考える理由は何もない。それは母権制をもたらした動機にたいする貴重なささえであるにはちがいないが」(一三〇頁)引用した二つの文章の関係は、それほど明瞭ではなく、後者はあまり正確ではないが、前者は、著者が「きわめて密接な平行関係」ということの意味を説明していれば、もっとはっきりしたものになっていただろう。それは、無知と母権の両方が、第一の原因つまりエディプス・コンプレックスの必然的な結果だということを意味しているのだろうか。それとも、その両方がそれとゆるやかに結びつけられているという意味なのだろうか。もしそうなら、エディプス・コンプレックスをおおい隠す必要性が母権制や父性への無知をもたらすような状況とはどんなものであり、また、同様の必要性が、そのような結果をもたらさない状況とはどんなものだろうか。そういった具体的な資料もないので、ジョーンズ博士の理論は、曖昧な思いつきの域を出ないものだ。

からくりを検討してみたので今度は、「原初的な原因」について検討しよう。すでに明らかなように、その原因は、絶対的に、発生論的には超越的に考えられたエディプス・コンプレックスである。ジョーンズ博士の論文の範囲をこえて、精神分析学者たちによる人類学的な論文一般にまですすむと、エディプス・コンプレックスが最初どのようにして生じたと考えられているかが分る。その起源は、原始時代の群(ホルド)の有名なトーテム犯罪にある。

Ⅲ　文化を生んだ原初のできごと

トーテミズムとタブー、外婚制と供犠の劇的なはじまりに関するフロイトの理論は、精神分析の立場から人類学について述べた著作のうちでも、きわめて重要なものである。それはこのエッセーのように、人類学上の発見に、精神分析の視点を合致させようと試みているエッセーにおいては素通りすることのできないものなのだ。こういうわけなので、われわれは、その理論をこまかく批判的に分析するこの機会をのがすまい。

彼の著書、『トーテムとタブー』で、フロイトは、エディプス・コンプレックスの観念が、トーテミズム、義母を避けること、祖先崇拝、近親相姦の禁制、人間とトーテム動物との同一視、父なる神という観念などを説明するのに、いかに役立つかを示している。[原注1] 実際、エディプス・コンプレックスは、われわれが知っているように、精神分析学者たちによって文化の源泉、文化の発生以前に生じたものと考えられているのであるが、この本のなかでフロイトは、それがいかにして生じたかという仮説を綿密に述べている。

このなかでフロイトは、ダーウィンとロバートソン・スミスという二人の著名な先輩の例にならっている。ダーウィンから、彼は「原始群」（Primal horde）、あるいはアトキンソンの表現によれば「巨大家族」（the Cyclopean-family）という観念を借用している。この見解によると、家族や社会生活の最初の形態は、多くの女性と子供をしたがえた成熟した男性に率いられ支配された小さな集団から成っていた。もう一人の偉大な学者ロバートソン・スミスから、フロイトは、トーテム聖餐の重要性について示唆を受けた。ロバートソン・スミスは、最初の宗教的行為は、氏族のメンバーがトーテム動物を儀礼的に食べる共同の食事から成っていた、と考えている。ほぼ普遍的であり明らかにもっとも重要な宗教的行為である供犠は、後になってこのトーテム共食から発生したものだ。日常生活でトーテムとされている種を食べてはいけないというタブーは、儀礼的共食の否定的側面を構成している。この二つの仮説に、フロイトは自分自身の仮説をつけ加えている。すなわち、人間とトーテムとの同一視は、子供、未開人、神経症患者に共通な心性の特徴のひとつであり、父親を何か不快な動物と同一視するという傾向に基づいている、という仮説である。

ここではわれわれは、第一にその理論の社会学的側面に興味があるので、フロイトの理論の基礎となったダーウィンの著書の一節全体を引用しておこう。ダーウィンはこう言っている。「われわれは、ライバルと闘うために特別な武器で武装したすべてのオスの四足獣が感じる嫉妬心について知っていることから、自然の状態における乱婚はまったく起こりそうもないことだ、と結論してもいいだろう……こういうわけで、もし、われわれが時の流れをずっと以前まで遡れば、いま存在している人間の社会的習慣から判断して、人間はもともと小さな共同社会に住み、男たちはそれぞれ一人の妻、もし力があれば数人の妻をもち、他のすべての男から妻を油断なく守ったという見解が一番妥当なようだ。あるいは、彼は社会的動物ではなかったかもしれないがそれでも、ゴリラのように何人かの妻と生活していたと考えられる。というのは、すべての原住民が、ひとつの群には成熟したオスは一匹だけしか見られないという点で一致しているからだ。若い男が成長すると支配権をめぐる争いがおこり、他の者を殺したり追い出したもっとも強い者が、その共同社会における長としての地位を確立する(Dr. Savage の論文より)。(Boston Journal of Natural History vol. v., 1845-47 のなかの Dr. Savage の論文より)。こうして、追い出されてさまよっている若者も、ついに相手を見つけることができた際には、同じ家族内でのあまり近い近親交配が起こらないようにするだろう。[原注2]」

この部分では、ダーウィンが人間とゴリラを無差別に論じていることを、すぐに指摘できる。かといって、われわれが人類学者として、この混同について彼を非難しなければならないという理由は何もない——ささやかながらわれわれの科学にできることは、われわれの類人猿仲間に関するわれわれのあらゆるうぬぼれを追い払うことでしかないのだ!

しかし、人間と猿のちがいが哲学的に意味のないことであっても、類人猿の家族と組織された人間の家族とのちがいは、社会学者にとってきわめて重大なことである。社会学者は、自然の状態における動物の生活と文化における人間の生活とを、はっきり区別しなければならない。乱婚という仮説に反対して生物学的な議論を展開していたダーウィンにとっては、その区別は無関係なことだった。もし彼が、文化の起源を論じ、その誕生の時点を定義しようと試みていたのなら、自然と文化を区別する一線はまったく重要なことになっただろう。フロイトは、後にみるように、「そこから文化が始まった大きなできごと」を把握し表現しようとしたが、この区画線を見失い、臆説によって文化が存在するはずもない状態のなかに文化を想定することにより、完全に失敗した。さらにダーウィンは、その集団のリーダーの妻たちだけについて述べ、他の女については何も述べていない。彼はまた、追放された若者は、結局相手をみつけ親の家族については二度と心をわずらわさない、と述べている。フロイトはこの両方の点に関して、ダーウィンの仮説を実質的に変形してしまっている。

私の批判を実証するために、この精神分析の巨匠のことばを引用させてほしい。フロイトはこう言っている、「ダーウィンが考えた原始群にはむろん、トーテミズムが成立する余地はない。単に女達を自分のために引きとめ、成長した息子達を追放する乱暴で嫉妬深い父親がいるだけだ」(二三三頁)。つまり年とった男が、自分のためにすべての女を引きとめる一方、追放されたむすこたちは、あの仮説上のできごとを起こすことができるよういっしょに群れをなして近くに残るという具合になっている。そして、仮説的であるとともにぞっとするような犯罪がわれわれの目の前に展開するが、それは、人間の歴史にとってではないにせよ、精神分析の歴史のうちで最も大きな重要性をもっている。というのは、フロイトによると、この犯罪が未来の文明すべてを生起させることになっているからである。「この犯罪によって文化が始まり、爾来人類は安らぐことを許されなくなった」のである。それは「原初の行為」であり「社会組織、道徳的な規制、宗教の発端となった重大な、犯罪的な行為だ」(二三四、二三九、二六五頁)。さて、このあらゆる文化の根源的な原因についての物語を聞こう。

「ある日、追放された兄弟は力をあわせて父親を殺害して食べてしまい、こうして父親の群れを滅ぼした。彼らはいっしょになって、単独では不可能だったことをあえて成しとげた。おそらくあたらしい武器の使用のような文化におけるある進歩が、彼らに優越感を与えたからだろう。これらの人喰い人種は当然のことながら彼らが殺したものを食べてしまった。この乱暴な原初の父親は、確かに、兄弟たち各人にとってうらやみ恐るべき模範だった。そこで彼らは、父親を食べることによって彼との同一化を成しとげ、それぞれ父親の強さの一部分を得た。トーテム饗宴は、たぶん人類最初の祭儀だろうが、この重大な……行為の……反復であり、記念なのである」(二三四頁)。

これが人類文化の最初の行為なのであるがこの記述のなかほどで著者は、「文化におけるある進歩」、「新しい武器の使用」について語っており、こうして、前文化的段階にある動物が文化的財産と道具をもっていたと想定している。どんな物質的文化財も、組織やモラルや宗教が同時に存在しなければありえない。まもなく私が示すように、これは単なるこじつけではなく、いまの問題の核心にかかわる点だ。われわれは、フロイトとジョーンズの理論が、それ自体が文化の存在を前提とするような過程によって文化の起源を説明しようとし、このために循環論法におち入っていることを示そう。彼らの理論に対する批判は、実際、文化過程とその生物学的基礎の分析そのものへわれわれを導くだろう。

原注1　S・フロイト著『トーテムとタブー』、ニューヨーク、一九一八年、(邦訳あり)。引用はアメリカ版テキストから。

2　S・フロイト著『トーテムとタブー』、一九一八年、二〇七―二〇八頁。(ダーウィン著『人間の由来』第二巻二〇章、六〇三―六〇四頁より引用)

Ⅳ　父親殺しの結果

この理論に対するこまかな批判にすすむ前に、この問題についてフロイトの言うことをすべて根気よく聞くことにしよう――彼に耳を傾けるのはいつもためになる。「……徒党を組んだ兄弟たちは、父親に対するたがいに矛盾しあう感情に支配されていた。この感情は、われわれの子供や神経症患者すべてに見られる父親コンプレックスの両価性の内容として示すことのできるものである。彼らは、自分たちの性的要求と権力への願望の前に、圧倒的に力強く立ちはだかった父親を憎んだが、彼を愛し賞賛もしていた。彼らが父親を殺害することによってその憎しみを解消し、父親との同一化という願望を果した後で、おさえつけられていた愛情があらわになったにちがいない。これは、良心の呵責という形をとって現われ、すべてのむすこたちが感じた良心の呵責と一致するような罪の意識が形成されたのである。死者は、いまや、生きていたときよりも強くなった。ちょうどわれわれが、こんにちでも人間の運命のなかにみるように。以前、父親の存在が妨げていたことを、彼らは、こんどは彼ら自身、精神分析でたいへんよく知られている『事後服従』という精神状態で禁止した。彼らは、父親の代わりつまりトーテムを殺すことは許されない、と宣言することによって自分たちの行為を帳消しにするとともに、自由になった女達には手を出さないということで、自分達の行為の成果を断念した。こうして彼らは、むすことしての罪の意識の中から、トーテミズムに関する二つの基本的なタブーをつくり出した。そしてまさにこの理由から、これらのタブーはエディプス・コンプレックスにおける二つの抑圧された願望と一致せざるを得なかったのだ。これにそむく者はだれでも、原始社会を悩ます二つの無比の犯罪を犯したことになったのである」(二三五、二三六頁)。

こうして父親殺しのむすこ達がその殺人の直後に、法と宗教的タブーを制定し、社会組織を設けたこと、要するに、人類史上ずっと受け継がれる文化形態を形づくることに従事したことがわかる。そして、ここでふたたびわれわれは、上記のディレンマに直面する。すなわち、文化をつくる原料がすでに存在していたとするなら——その場合、その「重大なできごと」は、フロイトが考えたように文化を創造したとはいえないし、もしその行為がなされたとき、文化がまだ存在していなかったなら——むすこ達は、聖餐を設け、法を制定し、慣習を伝えることができなかったにちがいない。

フロイトは、このことの決定的な重要性を認識しなかったようにみえるが、この点を完全に無視したわけでもなかった。彼は、原初の犯罪の影響が続くことの可能性と、それ以後の諸世代を通してその作用が永続する可能性に関する問題を予期していた。ありそうなあらゆる反論に対するため、フロイトは自分の助けとなるもう一つの仮説を出している、「……われわれが、あらゆることの基礎を、個人の精神生活と同じような精神過程が集団精神にも起こるという仮定においていることは、だれからみてもはっきりしている」(二五九頁)。しかし、集団の魂というこの仮定は十分なものではない。またわれわれは、この包括的な実体に、ほとんど際限のない記憶力がそなわっているものと想定しなければならなくなる。「……われわれは、ある行為に由来する罪の意識を何千年ものあいだ持続させ、それが、この行為についてはなにも知らないはずの世代にも作用し続けているとする。われわれは、父親に虐待されたむすこ達の世代に起きたような感情過程が、父親を殺害したまさにそのことによって、そういった虐待を免れている新しい世代にまで続いているということを認めている」(二五九頁)。

フロイトは、この仮定の妥当性についてはいくぶん不安なようだが、それでも人に訴える論証が用意されている。フロイトはわれわれに、彼の仮説がいかに大胆でも、「……われわれ自身が、そういった思いきった考えに対して全責任をもたなければならないということではない」(二六〇頁)と保証している。そればかりでなく、著者は、人類学者と社会学者のために一般規則を設定している。「集団精神、あるいは人類の感情生活における連続性、それはわれわれが個人の死によって生ずる精神的活動の中断を無視することを許すものだが、それを仮定しなければ、社会心理学はありえない。もしある世代の精神過程が次の世代に受け継がれないとすれば、つまり各世代が生活に対して新しい態度を獲得しなければならないなら、この領域には進歩も発展もないだろう」（二六〇頁）。そしてここで、われわれはたいへん重大な点にふれる。つまり、集団の魂という虚構に対する方法論的な要請が存在すると主張されていることである。しかし実際には、いまや有能な人類学者ならだれも「集団精神」とか、獲得した「精神傾向」の遺伝とか、個人の精神を超越した「精神の連続性」などという仮定はすまい。[原注1] 一方、人類学者は、各世代の経験を沈澱させ、次の世代のためにたくわえておくような手段はなにかを、はっきり示すことができる。この手段とは、物品、伝統、ステレオタイプ化された精神過程、つまりわれわれが文化とよぶものだ。文化は超個人的なものだが、心理学的なものではない。文化は人間によって形づくられ、逆に人間を形づくりもする。それは、人間があらゆる創造的衝動を表現し、そのことによって人類のもつ価値の共有財産に寄与することができる唯一の手段である。文化は、個人が自分のために他人の経験を利用したいと思うとき、それを引き出すことのできる唯一の貯蔵庫だ。文化に対する十分な分析は、われわれはまもなくそこへすすむことになるが、文化が形成され、維持され、伝えられるメカニズムをわれわれに示してくれるだろう。この分析はまた、コンプレックスが、文化がはじまったことの自然な副産物だ、ということも示してくれるだろう。

ジョーンズ博士の論文を読んだ読者には、彼が、フロイトの人類文化の起源に関する仮説を完全に受け入れていることは明らかだろう。前に引用したところからも、彼にとってエディプス・コンプレックスがすべてのものごとの起源だということは、はっきりしている。こういうわけだから、それは前―文化的形成物でなければならない。ジョーンズ博士は次の部分でフロイトの理論に対して、さらにはっきりと傾倒している。「マリノフスキーのように、この問題の考察によって、フロイトの「原始群」(アトキンソンの「巨大家族」)という考え方を見捨てたり修正したりするどころか、逆に、私にはこの考え方が、われわれの論じてきた複雑な問題に対して、もっとも満足できる説明を与えているように思える」(一三〇頁)。ジョーンズ博士はまた、原罪に関する民族の記憶という考えにも賛同している。それは、彼が「原始群に由来する衝動の遺伝」(一二一頁)について語っていることからも分る。

原注1　すべての人類学上の権威、たとえばフロイトが論拠としたラング、クローリー、マレット等は慣習や信仰や制度を分析する際に一度としてこれに類した概念は用いていない。殊にフレイザーは彼の著述(私信)において、この概念を、意識的かつ方法的に、誤ったものであると判定している。この形而上学的な誤謬に近かったデュルケムはその点で、現代のほとんど

の人類学者から批判されている。ホブハウス、ウェスターマーク、デューイ等の指導的な社会学者は一貫して、「集団的知覚機関」の導入を避けてきた。「集団精神」の社会学における使用に対する透徹しかつ破壊力のある批評の試みとしては、M・ギンズバーク著『社会心理学』(一九二一年)参照。

V　最初の父親殺しの分析

さて、フロイトとジョーンズの仮説を詳細に検討することにしよう。「原始群」という仮説はそれ自体としては人類学者が拒否しなければならないものではない。われわれは人類や先行人類の一番最初の親族形態が、一人ないしそれ以上の女性との結婚に基づく家族だったことを知っている。精神分析は、親族に関するダーウィンのこの見解を受け入れて、原始乱婚、集団婚、性共産制の仮説を捨てさったが、この点では、有能な人類学者たちの完全な支持を受けている。しかしわれわれがみてきたように、ダーウィンは動物と人間の状態を明確に区別していなかったし、そのうえフロイトは、ダーウィンの議論を再構成するとき、この偉大な博物学者の説明に含まれている区別さえもことごとく抹殺してしまった。こういうわけで、われわれは、人類発展の類人猿的段階の末期における家族構造を調べてみなければならない。そこで問いを発しよう。人間的段階の家族とそれ以前の家族各々での成員同士をむすびつけるきずなは何なのか。動物の親族と人間の親族とのちがい、自然の状態にある類人猿の家族と、文化の状態にある人間のもっとも初期のタイプの家族とのちがい、それは何だろうか。

人類以前の類人猿の家族は、本能的なあるいは生得的なきずなで結ばれており、このきずなは個体の経験によって変化することはあっても伝統に影響されることはないものだった。というのは、動物は言語も法も制度ももたないからだ。自然の状態では、オスとメスは、発情期にそして発情期にだけはたらく選択的な性衝動に動かされて交わる。メスが受胎すると、新しい衝動が共同生活の確立へと導き、オスは保護者の役割を演じ、妊娠過程を通じてメスを守る。出産とともに、メスには授乳、育児、保護という母性衝動が現われ、オスはそのあたらしい状況に対して、エサを供給し、こどもを見守り、必要なら家族を守るために危険な闘いもすることで対応する。類人猿の長い期間を要するゆっくりした成長と成熟を考えると、オスにもメスにも親として愛が生じ、こどもが自立するまでのしばらくのあいだその愛が続くということは、その種にとって不可欠なことだ。こどもが成熟してしまえば、家族がいっしょにいる生物学上の必要性は、なにもなくなる。ところがわれわれがこれからみるように、文化のなかではこの必要性が現われる。そこでは協力ということのために、家族のメンバーはずっと結ばれている必要があるし、同時に、世代から世代へ伝統を伝えるためにも、各世代は上の世代と接触していなければならない。しかし、先行人類の巨大家族では、オスもメスも自分が独立すると、自然にその群れを離れただろう。

これは、われわれがすべての類人猿の種において経験的に確認できることだ。このことは、その種の利益を促進するので、一般原理と考えられていいものである。このことはまた、われわれが動物的本能に関してもっている一般的な知識から推論できるすべてのことと一致している。われわれは、もっとも高等な哺乳類では、年とったオスは、精力がおとろえるとすぐに群れを離れ、わかい守護者に席をゆずるということも知っている。これが種にとって役に立つのは、動物の気質は年とともによくなることはなく、年とったリーダーは役に立たないばかりでなく、争いの種にもなるからである。こうしたすべてのことから、自然状態における本能のはたらきは、特別な混乱、内的葛藤、抑圧された感情、悲劇的なできごとなどの起こる余地をぜんぜん残さないことがわかる。

もっとも高等な動物の家族生活は、こうして、生得的な感情的態度によって固く結びつけられ、支持されている。生物学上の必要が起こると、特定の心的反応も現われる。その必要性がなくなると、その感情的態度は消える。われわれが本能を、或る状況に対する直接的反応による行為のパターン——その反応には快感が伴う——と定義すれば、動物の家族生活は、連結した本能すなわち、求愛、交合、共同生活、子供への配慮、両親の相互扶助などによって決定されているといえる。これら一連の本能の各々は先行する本能に完全にとって代わる。その理由は、個々の状況が新しいタイプの行為や新しい感情的態度を要求するということが、本能的反応のそういった連鎖のもつ特質だからである。それぞれの新しい反応が、古い感情的態度にとって代わりそれを抹殺してしまうこと、つまり、先行する情動の痕跡が新しい情動の中へはぜんぜん繰り越されないということを了解することは、心理学上たいへん重要なことである。新しい本能に支配されはじめると、動物はもはや以前の本能に苦しむことはない。良心の呵責、精神的葛藤、アンビヴァレントな感情——これらは、後天的つまり人間的な反応で、動物の反応ではない。本能のはたらきと本能の因果的連鎖の展開は、おおむねうまくゆく。いくぶん摩擦が伴うとしても、「内部精神の悲劇」の起こる余地などはまったくない。

原初の犯罪という仮説に関して、こういったことすべてはどのような関係と重要性を持つのか。私は、フロイトが文化の発端に開幕の行為として重大な悲劇を据えたことを、くりかえし指摘してきた。フロイトとジョーンズからのいくつかの直接の引用は別としても——それらは、しようと思えば簡単にふやせるが——その悲劇が彼らの理論にとって不可欠の前提であることを認識することは重要だ。つまり、われわれが、文化はトーテム的父親殺しではじまったのではないとしてしまえば、あらゆる彼らの仮説は崩壊してしまうだろう。エディプス・コンプレックスは、精神分析学者にとって、あらゆる文化の基礎なのである。彼らにとって、コンプレックスはあらゆる文化現象を支配するだけでなく、時間的にもそれに先行するものだと考えざるを得ない。コンプレックスは源泉にして創始者であり、そこからトーテム秩序、法の最初の要素、儀式の起源、母権制度、要するに一般の人類学者と精神分析学者が、文化の最初の要素と考えているすべてのものが発達したのである。ジョーンズ博士は、さらに、私がエディプス・コンプレックスの文化的原因をたどろうと試みたことに対して、このコンプレックスがすべての文化に先立つというまさにその理由で、異議を唱えている。しかし、もしそのコンプレックスがすべての文化現象に先立つとすれば、明らかに、コンプレックス形成の原因となったトーテム犯罪は、さらに遡ったところに置かれるべきであろう。

こうして、そのできごとは文化以前に起こったにちがいないという命題を確立してみると、われわれはもうひとつのディレンマに直面する。トーテム犯罪は自然の状態のなかで起こりうるだろうか。そのできごとは、仮定によりその当時存在していなかった伝統と文化に痕跡を残すことができただろうか。先に述べたことからすれば、われわれは、猿が共同の父親殺しというただひとつの行為によって文化を獲得し、人間になったと考えざるを得ない。あるいはまた、彼らは同じ行為によっていわゆる民族の記憶、新しい超動物的資質を獲得したと考えざるを得ない。

ここで、この点をさらにくわしく分析してみよう。人類以前の類人猿の家族生活では、いろいろな本能がつくる鎖のおのおの環は、それが役に立たなくなるとすぐにはずされる。以前の本能的態度は影響力のある痕跡をなにも残さないのだから葛藤もコンプレックスも起こる余地がない。これらの主張は、動物心理学者によってさらにテストされるべきものではあるが、現在のところわれわれがこの主題について知っているすべてのことに適合している。ところが、もしこのとおりなら、われわれはフロイトの「巨大家族」という仮説の前提に挑戦しなければならない。むすこたちが親の保護を必要としなくなるとすぐに家族を離れるという、自然で本能的な傾向をもっているなら、なぜ父親が彼らを追い出す必要があるのだろう。自分たちのグループだけでなく、別なグループからも自分とは性のちがう成熟した子供が出てくるなら、なぜメスがたりなくなってしまうのだろう。なぜわかいオスは両親の群れのそばに残る必要があり、なぜ父親を憎み、彼の死を願うのだろう。なぜ彼らは、最後には、年とったオスを殺すというやっかいで不愉快なことを試みたり成し遂げたりするのだろう。ましてただ彼の引退を待つだけで、彼らが望むなら、その群れへ自由に出入りできるようになるというのに。

これらの疑問の一つ一つが、フロイトの仮説に含まれている保証のない仮定のひとつにいどむものである。フロイトは、実際、彼の言う巨大家族に、多くの性向、習慣、心理態度などを含ませているが、それらは、どんな動物にとっても致死的な資質なのである。類人猿の巨大家族に関するフロイト流の見解が生物学的に支持し得ないものであることはあきらかである。われわれは、繁殖というもっとも重要なはたらきが、種がもつすべての利益に反するような本能のシステムによって統制されているような類人猿が自然状態において存在すると考えることはできない。これに対して、原始群という観念は、ヨーロッパ中流家庭のあらゆる先入観、不適応、気むずかしさをもたされ、もっとも魅惑的だが根拠のない仮説のなかであばれまわれるようにと有史以前のジャングルに解き放たれたのだ、ということを理解するのは容易なことである。

それでも、フロイトの示唆に富んだ思索のさそいにのって議論をすすめるために、原初の罪が犯されたということを一応認めてみよう。それでもなお、われわれは、その結果を受け入れようとすると打ち勝ちがたい困難に直面する。すでにみたように、われわれは、トーテム犯罪が良心の呵責を生じ、それが族内食人としての意義をもつトーテム饗宴の聖餐や性的タブーの制度に表現されたことを信ずるよう要求されている。これは、父親殺しのむすこが良心をもっていたことを意味している。ところが、良心というのは文化によって人間に負わされたもっとも自然でない精神的特徴なのである。それはまた、むすこたちが法を制定し、道徳上の価値や宗教儀式や社会的きずななどを確立する可能性をもっていたことも意味している。くりかえすと、こうしたことはすべて仮定することも想像することも不可能である。というのは、それらのできごとは前文化的環境のなかで起こっていると仮定されているのであり、文化は、これは記憶しておくべきことだが、ある一時点や一つの行為によってはつくり出され得ない、という単純な理由からだ。

自然の状態から文化の状態への実際の移行は、一跳びになされたものではない、それは急速な過程でもないし、まして突然な変化ではない。われわれは、文化を構成するもっとも重要な要素——言語、伝統、物質的発明、概念的思考——の初期の発達を、たいへん困難でたいへんゆっくりした過程、ごく小さなステップが無限につみかさなるというしかたで厖大な時間をかけて達成された過程と考えなければならない。この過程をくわしく再構成することはできないが、変化に関係していた要因を述べることはできるし、初期の人類文化の状況を分析し、それによって文化発生のメカニズムをある限度内で示すこともできる。

ここでわれわれの批判的な分析を要約しておこう。トーテム犯罪は文化の起源そのものに位置していたに違いないし、それが少しでも意味をもっているなら、それは文化が現われるもっとも重大な原因と考えられねばならない。このことは、その犯罪とその結果を、まだ自然の状態にあるときに起こったものと考えなければならないことを意味しているが、そういった仮定は、われわれを多くの矛盾にまき込んでしまう。父親殺しの犯罪への動機は、実際には、まったく欠如している。というのは、本能のはたらきが、動物の場合、その状況にたいへんよく適応し、それが葛藤をもたらすことはあっても、抑圧された精神状態をもたらすことはないからである。具体的に言えば、むすこたちには、群れを離れたあとで父親を憎む理由などなにもないからだ。第二に、自然の状態では、トーテム犯罪の結果が文化的制度に定着させられるような方法はぜんぜんない。そこには儀式や法や道徳を具体的に表現することのできるどんな文化的手段も、ぜんぜんない。

この異論は両方とも、要約すれば、一つの犯罪、大変動、あるいは反乱などから突如完成した文化を生じさせるようなひとつの創造的行為に文化の起源を求めることは不可能だという判断になるだろう。

われわれは、われわれの批判のなかで、フロイトの仮説に対するもっとも基本的な異論と思われるもの、つまり文化と文化過程の性質そのものに関連した異論に注目してきた。別ないくつかのこまかい異論をかぞえあげることもできるが、それらはクローバー教授が、彼のすばらしい論文ですでに明らかにしている。彼はそのなかで、この仮説の精神分析上の矛盾だけでなく人類学上の矛盾も明快に説得力をもって指摘している。[原注1]

しかし、精神分析が、トーテムの起源に関する思索によって、自己自身をまきこんでしまうもうひとつの主要な難点がある。エディプス・コンプレックスの原因だけでなく文化が起こった本当の原因までが、父親殺しという精神的外傷を生むような行為に求められるべきだとすれば、また、コンプレックスが単に「民族の記憶」[訳注26]のなかに生き残っているにすぎないなら――そのコンプレックスは、時とともに明らかに減少しなければおかしい。フロイトの理論によれば、エディプス・コンプレックスは、まず最初は恐ろしい現実であるが、後にはたえず付きまとう記憶となり、もっとも高度な文化では、それは消えてゆく傾向にあるということにならざるを得ない。

この結論は避けられないことのようにみえるが、それを彼らに納得させようと不器用な努力をする必要はぜんぜんない。というのは、ジョーンズ博士が自分の論文で、十分明快に表現しているからである。彼によると、家父長制は、もっとも高度な文化の社会組織だが、原初の犯罪から起こるあらゆる困難な問題に対するすぐれた解決である。「家父長制は、父親の主権を承認し、さらにこれを、母権制や複雑なタブーの体系を用いることなしに、むしろ愛情をもって受け入れることのできる能力を示している。これは、人間が飼いならされること、つまりエディプス・コンプレックスが少しずつ同化されることを意味している。遂に、男は自分の本当の父親と顔をあわせることができ、いっしょに暮らせるようになったのだ。フロイトが、家族内における父親の地位を認め受け入れることは文化の発展のうちもっとも重要な進歩を物語るものだ、と言っているのも当然なことだ[原注2]」

こうしてジョーンズ博士は、そして彼によればフロイト自身も、避けることのできない結論を引き出した。彼らは、彼らの図式の範囲内ではエディプス・コンプレックスの最初の形成過程からもっともかけ離れたものであるはずの家父長制文化が同時にこのコンプレックスが少しずつ同化されてゆく場所でもあると認めている。これは、トーテムとタブーのなかの図式と完全に一致している。しかし、それは精神分析の一般的図式とどう適合し、人類学からの検討にどう耐えるのだろうか。

最初の問いに関して言えば、エディプス・コンプレックスの存在は、現代の家父長制社会の一つで発見されたのではなかったか。このコンプレックスは、現代家父長制の世界で行なわれている個人を対象とする無数の精神分析において、日々再発見されているのではないか。精神分析学者がこれらの問いに対して否定的な解答を出すなどということはほとんどありえないことだろう。結局、エディプス・コンプレックスがそれほどうまく「同化されている」とは思えない。たとえ精神分析が発見したことのなかにたくさんの誇張があることが認められるにしても、この点に関する限り精神分析の主張の正当性を立証するような社会学的な観察はごく日常的なことになっているのである。一方で「父親の主権は、われわれの社会では十分に認められており」、それは「愛情をもってさえ」受け入れられていると、機嫌よく保証しながら、他方で、個人の精神や社会の病いのほとんどを、潜在意識の中から家族内での不適応をひきずり出すことによって治療するなどということは精神分析学者にとっても不可能だろう。事実、父権制度は、典型的な家族内不適応を起こす温床そのものなのである。精神分析学者たちは、シェイクスピア、バイブル、ローマ史、ギリシャ神話をひきあいに出し、われわれにそのことを証明することにやっきになってきた。そのコンプレックスの名前のもとになったまさにその主人公は——その語のそうした拡大解釈が許されるなら——明らかに家父長制的な社会に生きていたのではなかったか。さらに、彼の悲劇は、父親の嫉妬と迷信的な恐れ——ところで、それは典型的な社会学的な動機だが——に基づいていたのではなかったか。もしわれわれ自身が家父長制という運命に動かされているあやつり人形だと感じていなかったとしたら、その神話あるいはその悲劇は、われわれのまえに、このように力強い決定的な効果をもって現われることはできなかったのではないだろうか。

ほとんどの現代の神経症、患者の夢、インド―ゲルマン人の神話、われわれの文学、われわれの家父長主義は、エディプス・コンプレックスという観点から解釈されてきた――つまり、強力な父権のもとでは、むすこが「父親の家庭における地位」を容認することは決してなく、「自分の本当の父親と顔をあわせること」を好まず「父親といっしょに平和にくらすこと」はできない、という仮定にしたがって解釈されてきた。疑いもなく、精神分析は理論として実践として、われわれの現代文化がエディプス・コンプレックスという用語で表わされる不適応に悩んでいるという主張が真実であるかどうかに運命をかけている。

先に引用した文章に述べられているような楽観的な見方に対して、人類学はなにを言うべきであろうか。もし家父長制度が、エディプス・コンプレックスのうまい解決、つまりむすこが父親に直面することができる云々といった状態を意味しているならそれならこのコンプレックスは地球上のどこに同化されないかたちで存在しているのだろうか。それが、母権制のもとでは「そらされて」いるということは、この本の最初の二部で証明されたし、それとは独立にジョーンズ博士自身も再確認している。エディプス・コンプレックスが、まだこの視点から経験的に研究されていない文化のなかに本来の姿で存在するだろうか、という疑問は大して役に立たない。本書の目的のひとつはフィールド・ワーカーをよりつっこんだ調査へと刺激することである。すくなくとも私自身はそのような経験的な研究が何を解明し、何を解明しないかを、予言しようとは思わない。しかし、その問題を拒否したり明らかに不適当な仮定でつつみ隠してしまったり、その解決に向ってすでになされてきた多くのことを忘れてしまったりすることは、人類学のためにも精神分析のためにもならないように私には思える。

私は、ジョーンズ博士の興味深い研究を主なテキストとして引きあいに出して、この問題に対する精神分析のアプローチのなかにある一連の矛盾と不明個所を指摘してきた。そうした矛盾は、「抑圧されたコンプレックス」という考え、母権と父性についての無知とは相互関係をもってはいるがそれぞれ独立のものだという主張、家父長制はエディプス・コンプレックスの原因であると同時にそのうまい解決だ、という見解などのうちにある。これらすべての矛盾は、私の考えでは、エディプス・コンプレックスについての次のような教義をめぐって生じる。つまり、エディプス・コンプレックスは文化や社会によってつくられるのではなく、それをつくりだした真の原因なのであり、原初の犯罪にその源がある。そしてそれは継承される集団的傾向としての民族の記憶のなかに存続している、という教義をめぐって。

さらにもうひとつのことを指摘しておきたい。現実の歴史的事実と考えられた場合、つまり空間と時間と具体的な状況のなかに位置づけられるべき事実と考えられた場合、太古の父親殺しはどのように想像されればよいのだろう。われわれは、昔あるとき、ある一定の場所で、ある一定の巨大群内で、ある犯罪が一度行なわれたと仮定し、さらに、この犯罪が文化をうみ出し、その文化が原初の伝播によって全世界に広まり、各地で猿を人間に変えたと仮定すべきなのだろうか。しかし、この仮定はできあがったとたんにくずれてしまう。もう一つの場合も同様に想定し難い。それは、世界中で小規模な父親殺しの一種の流行が起こったという想定で、どの群も父なる暴君に支配されていたが、やがて突然犯罪が起こって文化が現われる。われわれは、この仮説を具体的に検討すればするほど、それをより精密にしようとすればするほど、クローバー教授がよんだように、「まったくのおはなし」(フロイト自身はこのよび名に怒ってはいないが)以上のものとして論じようという気持がなくなってくる。原注3

原注1 「トーテムとタブー、民族学的精神分析の試み」"American Anthropologist"誌、一九二〇年、四八頁以下。

2 ジョーンズ著、前掲論文、一三〇頁。

3 S・フロイト著『集団心理学と自我の分析』一九二一年、九〇頁、参照。クローバー教授の名前は同書のすべての版で「クローガー」と綴られている。『日常生活における精神病理学』

で展開された、動機のない誤りはないという原則に従ってこの誤りの精神分析学的な原因を追求してみることもできよう。この指導的なアメリカ人人類学者の名前の誤植がフロイトの著書の英語版にまで持ち込されていることに至っては許し難いことだ。

Ⅵ　コンプレックスか情操か

私は、いままで「コンプレックス」ということばを、家族員に対する典型的な態度という意味で使ってきた。そのことばを中核家族コンプレックスという、新しい表現におきかえることもしてみたがそれは、エディプス・コンプレックスという用語の適用範囲がアーリアン系の家父長制社会に限られているので、さまざまな文化に適用できるように一般化するための工夫であった。しかし今は科学的術語法の利益のために、中核家族コンプレックスという複合語を捨てなければならない。というのは、一般的に言って新しい術語をできるだけもち込まない方が賢明であるばかりでなく、新しい術語が、すでに確立されている術語にとってかわろうとしていることが明らかな場合には、術語上の侵入者を科学から追い出そうとすることは、常に賞賛に値することだからである。私は「コンプレックス」ということばが、ある言外の意味をもち、それがこのことばをまったく不適当なものにしている——ドイツ人がスローガンと呼んでいる科学における口語的表現として用いられる場合以外では——と信じている。少なくとも、われわれはそのことばが何を意味しているのかはっきりさせなくてはいけない。

「コンプレックス」ということばは、治療と密接に結びついており神経症の治療法以上のものでなかったころの精神分析で用いられはじめたものだ。「コンプレックス」は、病因、つまり患者の抑圧された情動的態度を意味していた。しかし、いまや、一般心理学においてある人物に対する態度の抑圧された部分を分離して、それを抑圧されていない要素と関係なく扱えるかどうか、疑わしくなってきている。われわれの研究のなかで、われわれは、ある人に対する態度を構成するさまざまな情動が、それぞれたいへん密接に結びつき、からみ合っているのでそれらは緊密に編まれた、有機的で解体することのできないシステムを形成している、ということがわかった。このように、父親とのかかわりあいでは、尊敬と理想化を構成する感情は、それらの反射である嫌悪感や憎しみや軽蔑と本質的に密接な関係をもっているのだ。これらの否定的な感情は、実際部分的には父親に対する緊張しすぎた賛美への反動であり、理想的でない父に対する過度な理想化が無意識のなかへ投げかける影なのである。その影を「前意識」の部分や無意識の部分から切り離すのは不可能だ。なぜなら、それらは解きがたく結び合わさっているから。診察室の精神分析家は、患者の態度のうち病気に影響しないような、あけっぴろげで明白な要素を、たぶん無視できるだろう。つまり、彼は抑圧されたものを分離し、コンプレックスと呼ぶことによってそれを実体化することができる。しかし、彼が神経症患者を離れ、一般的な心理学理論をもって講義室へ入ったとたん、彼は、コンプレックスなど存在しないこと、少なくともそれは無意識における独立した実体でないこと、それは有機的全体の一部にすぎず、その有機的全体を構成する本質的な要素はぜんぜん抑圧されてはいないこと、などを悟ってもよいのではないだろうか。

私は社会学者なので、ここでは、病理学的な結果ではなく、コンプレックスの正常で普通の基礎に関心をもっている。そして、事実によって実証できるようになった今まで、理論的分析はやめておいた方がよかったのであるが、それでも、家族が与える影響に関する説明をとおして、無意識の要素や「前意識」の要素もはっきり指摘してきた。父親と母親に対する典型的な情操が、肯定的な要素だけでなく否定的な要素も含んでいること、またその情操が意識の表面部分だけでなく抑圧された部分ももっていること、を指摘したのは精神分析の大きな功績である。しかし、その両方の部分は、等しく重要だということを忘れてはならない。

われわれは、他から切り離された抑圧された態度という概念が、社会学には役立たないことを知っている。それゆえわれわれはその概念を一般化するよう工夫すべきであり、また、われわれが今まで「中核家族コンプレックス」および「無意識」の要素のほかに表面に現われる要素も含むものとして考えてきたものを心理学のどの学説と結びつけるべきか、についてはっきりしたヴィジョンを得ようと努力しなければならない。私は、現代の心理学のあるあたらしい傾向には、精神分析との特別な類似点のあることを指摘してきた。言うまでもなく、私は感情生活に関する知識のたいへん重大な進歩、つまり、シャンド氏が、情操に関する彼の理論のなかで開始し、後にスタウト、ウェスターマーク、マックドゥーガル、その他の若干の人々がさらにおし進めた過程を指しているのである。シャンド氏は、情動は、離ればなれの要素として、つまり、結合しておらず組織されてもいず、精神という媒体のなかにただよいときどき分離して偶然姿を現わす、というようなものとしては取り扱うことができないということを認識した最初の人だった。彼の理論は情動に関するその後のあらゆる研究と同じく彼自身が発表した原理、すなわち、われわれの情動生活は環境と緊密に統合されており、多くのものごとや人々がわれわれの情動的な反応を惹き起こす、という原理に基づいている。それぞれのものごとや人をめぐって、情動は、はっきりしたシステム、たとえば、われわれが親や郷土や職業などに対して感じる愛や憎しみや献身といったシステムへと組織される。組織された情動のそうしたシステムを、シャンド氏は情操とよんでいる。われわれを、家族のさまざまなメンバーに結びつけるきずな、愛国心、真実という理想、正義、科学への献身、これらはすべて情操なのだ。そして、あらゆる人間の生活は、限られた数のこうした情操に支配されている。シャンド氏は、情操に関する理論の輪郭を、最初一、二の小論文で描いたが、これらは画期的なものと考えられるべきで、後には、大著の形に展開した。[原注1] この本のなかで、シャンド氏は、愛や憎しみのような少数のシステムに対する生得的傾向があり、またそれらのシステムは各々多くの情動から成っていると仮定している。またあらゆる情動は、シャンド氏にとって、一定のタイプの状況に対する複雑な精神的反応なのであり、各情動は、多くの本能的反応を選択的に利用している。情操に関するシャンド氏の理論は、社会学者にとってつねにもっとも重要なものとして残るだろう。というのは、文化的価値も社会的きずなも、伝統と文化の影響下に標準化された情操だからである。二つのちがった文化の中で発達した家族生活を研究するさい、われわれはシャンド流の原理の具体的な応用、つまりある特定の社会的問題に関する情操の理論を提示した。われわれは、いかにして環境のうちもっとも重要な事柄に対する子供の態度が、徐々に形成されたかをみて、さらに、その態度の形成に影響を及ぼす要因がどんなものか調べてきた。われわれは、シャンド氏の理論に、情操の抑圧された要素を考察するという修正と追加を行なったが、これは精神分析の助けによるものである。

しかし、これら抑圧された要素を防水室のなかに隔離することはできないし、それを「情操」とはいくらかちがいそれと区別できる「コンプレックス」として考えることもできない。このようなわけで、われわれの結論に堅固な理論的基礎をあたえるためにわれわれの結論を結びつけなければならない理論は、シャンド氏の情操理論であり、「中核コンプレックス」というかわりに、与えられた社会の典型的な家族情操とか親族のきずなとか言うべきである。

父親、母親、兄弟、姉妹に対する態度あるいは情操は、それぞれが別々に、関係なく発達するものではない。有機的で分離することのできない家族のきずなは、そのメンバーに対する心理学的な情操を一つの連結したシステムにする。このことは、われわれの得た結果がはっきりと示している。このように、「中核家族コンプレックス」という表現は、情操の相関システム、つまり、家父長制社会や女家長制社会に特有な情操複合、という概念と等価なのである。

原注1 「性格と情動」『Mind』誌、new series, vol. i. 及び『性格の基礎』(初版)一九一七年。

第四部　本能と文化

I　自然から文化へ

この本のこれまでのところで、われわれは主として特定の精神分析上の見解について論じてきたが、われわれの結論はおおむねその見解に対して批判的だった。われわれは、文化以前の状態には、社会制度、道徳、宗教が形づくられるような媒介物はなにもなかったし、制度が確立されたとしても、それを保存し伝えるような記憶のメカニズムはなにもなかった、ということを立証しようとした。われわれが行きついた見解は、次のような決定的な事実を本当に理解している人にとっては、たぶん攻撃の余地のないものだろう。その事実とは、文化が一つの行為によってある瞬間に創造されるはずはなく、制度や道徳や宗教は、自然の状態からまだぬけ出ていない動物の間には、もっとも大きな変動によってさえ出現させ得るものではないということである。しかし、むろんわれわれは、単に否定することで満足しているのではなく、肯定することを望んでもいるのである。われわれは、単にまちがいを指摘するだけでなく、実際の過程に光を当ててみたいのである。この目的のためには、文化過程と自然過程の関係を分析しなければならない。

文化の状態における行動の型は、自然状態にある動物の行動とは本質的にちがう。人間は、いかに彼の文化が単純であっても、道具、武器、家財といった一連の物質的装備をもっている。彼は、彼を助けもすればコントロールもする社会環境の範囲内で行動する。彼は言語で意志を伝達し、そのことによって理性的、宗教的、呪術的な性質の概念を発達させる。このようにして、人間は、一群の物質的所有物を用い、社会組織の型の範囲内で生活し、言語によって伝達し、精神的な価値体系によって動かされている。これらはたぶん、われわれが、普通、人間の文化的達成を分類するときに用いる四つの主な項目だろう。こうして文化は、われわれがそれにであうときには、すでに達成されている事実として現われる。さらに、われわれは文化の発生期の状態を観察することがけっしてできないということを、はっきりと認識しておこう。また、「文化を生み出した原初のできごと」に関する仮説を作ることも、まったく役にたたない。それなら、とっぴな仮説やなんの保証もない仮定に頼らないで、人類文化の起源を考えようとする時はどうすればいいのか。ここになすべき重大なことがひとつある、すなわち、文化の発展にかかわるさまざまな要因がその発展過程においてどんな役割を果したのか、人間の資質の心理学的修正においてそれらは何を意味するのか、あるいはまた、心理学的でない要素はどのようにしてこの資質に影響を及ぼすのか、を示すことだ。文化発展の要因は互いにからみあい、本質的に依存し合っているのだから、われわれは発展過程についての知識も手がかりもぜんぜんもっておらず、また文化起源についてのあらゆる推論では時間の要素がわれわれの知的操作からまったくもれてしまうけれど、それでも、すくなくともそれら諸要因の相互関係を調べ、そこから多くの情報を得ることは出来る。われわれは、十分発展した文化におけるこれらの要素の相互関係を研究しなければならないが、より原始的な形態へと遡行することもできる。もしわれわれが、こうして、依存関係の図式を固定させるところまでゆけば、また、ある種の相互関係がすべての文化現象のうちに見られれば、われわれは、これらの法則からはずれるどんな仮説も空論と考えることができる。さらに、もし、すべての文化過程に関する法則が、ある種の要因がつねに主要な影響力をもつことを明らかにすれば、それらの要因はまた文化の起源をもコントロールしていたと考えなくてはならない。この意味での起源という概念には、時間的な先行とか原因としての有効性という意味は含まれておらず、単に、あらゆる発展段階に、従って起源においても、ある活動的な要因が普遍的に存在することを意味するにすぎない。

文化の主なカテゴリーは、そもそもの出発点から、互いにからみ合い同時に機能していたにちがいない、ということを認めることからはじめよう。それらのカテゴリーは、次々に生じたものではありえないし、時間的な継起のどんな図式のなかにも位置づけ得ない。たとえば、物質文化は、人間が彼の道具を伝統的な方法で使えるようになる以前には現われたはずがないし、その方法にはすでに、知識の存在がふくまれている。また、知識と伝統は、概念的思考と言語なしにはとても存在しえない。言語、思考、物質文化は、このように相互関係をもち、またどんな発展段階においても、従って文化の起源においても、そうだったにちがいない。くりかえすと、住居、家財道具、日常生活の手段などの生活上の物質的装備は、社会組織と本質的に相互関係をもち、社会組織にとって不可欠なものだ。炉辺と敷居は、家族生活にとって象徴的に役立つだけでなく、実際に親族のきずなを形成する社会的要因のひとつなのだ。道徳もまたある力を構成するが、その力なしでは、人間は自分の衝動と闘ったり自分の本能的資質を超越することができないのである。ところで、文化のもとでは、ひとはまったく単純な技術的活動においてさえも、常に衝動と闘ったり本能的資質を超越したりしなければならない。われわれがいまもっとも関心をもっているのは本能的資質の変化に対してである。というのは、そこでわれわれは、抑圧された動因、変形された衝動的傾向といった問題、つまり「無意識」の領域にふれるからだ。私は、文化のもとで人間の本能に何が起こるかについての研究を軽くみたことが、この根拠のない仮説がエディプス・コンプレックスを説明するに至った原因だ、ということを示すつもりである。文化のはじまりには本能の抑圧がふくまれていること、エディプス・コンプレックスやほかのすべての「コンプレックス」の本質的要素は、文化のゆるやかな形成過程における必然的な副産物であること、を示すのが私の目的だ。

この目的のために、私は、文化の状態における人間の親子のあいだには、本能に支配された動物の家族には起こりそうにもない近親相姦の誘惑が生ずるにちがいないということを示してみよう。近親相姦と組織された家族生活は両立しないものだから、この誘惑は人類においては対決し、きびしく抑圧すべきものである、ということも示すつもりだ。また、文化は、強制的な権威なしには遂行することのできない教育という要素をふくんでいる。人間社会のこの権威は、家庭内では父親によって代表され、そして父親とむすこのあいだの態度は、抑圧された憎しみその他のコンプレックスの要素を生じさせる。

II　発生期の文化の揺籃としての家族

いまのわれわれの研究主題そのものに加えて、本能的反応のメカニズムにおける根本的な変化を研究しなければならない。つまり、家族生活の初期の形態、動物の家族から人間の家族への移行という主題だ。人間の家族にはあらゆる精神分析上の関心が集中しているし、私が属している人類学上の学派の見解では、家族は未開社会で最も重要な集団である。[原注1] 動物社会と人間社会のそれぞれにおける求婚、つがい、結婚関係、親による養育を次のように比較してみると、どういう意味で、家族が社会をつくる細胞でありすべての人間的組織の出発点と考えられなければならないのかが明らかになる。

われわれがうまいぐあいに議論をすすめるために、まえもってはっきりさせておかなければならない点がひとつある。人類学者たちは、人類は群居性をもつ類人猿から発達したもので、彼の動物祖先からいわゆる「群居本能」をうけついでいる、としばしば考えてきた。さて、この仮説は、いまここでとっている見解、つまり、一般的な社交性はほかでもない家族のきずなの拡大から発達したものだという見解とは、まったく相いれないものである。文化以前の段階の群居性という仮定はまったく根拠のないものだということが示されるまでは、また、人間の文化によって獲得された社交性と動物の先天的な資質としての群居性との間の根本的な質のちがいが示されるまでは、どういうぐあいに初期の親族集団から社会組織が発達したかを示すのはむだなことである。議論の途中で「群居本能」と出会う度毎にその不適切さを示すよりも、このまちがった見解を最初から論破しておくのがよいだろう。

われわれの祖先である先行人類が、大きな群れをなして生活し、群れのなかで協同するのに不可欠の先天的傾向をもっていたか、あるいは、彼らが個々の家族だけで生活していたか、という純動物学的な問題を考察するのはこの際必要のないことだと思う。われわれが答えねばならない問題は、いずれかの形態の人間の組織が、いずれかの動物の群れの形態からひき出されうるかどうか、つまり、組織された行動の起源が、動物の群居性や「群居本能」のいずれかの様態に由来するものであるかどうかという問いだ。

まず、動物の群居性について考えてみよう。多くの動物は、自分の生涯を多少とも多くの成員を含む集団の中ですごさなければならず、重大な問題は先天的な協働形態によって解決するという具合につくられている。これは事実だ。しかし、われわれは、そうした動物について、特別な「群居」本能があると言えるだろうか。本能についてのすべての正当な定義は、本能が有機体の要求と相関関係のある解剖学的メカニズムを伴い、その種全体で均一性を示すような行動様式であると主張している。動物が食物をさがしたり、栄養をとることを続けるための固有の方法、つがい子供を育て教育する一連の本能、運動器官のはたらき、基本的な防御と攻撃のメカニズムのはたらき――これらが本能を構成する。そしてそのいずれにおいても、われわれは、本能を、解剖学上の装置、生理学上のメカニズム、個体と種族の生存という広範な生物学上の過程における特別な目的などと関係づけることができる。有機体の状態と外的環境とが本能を解放するような状態にあるなら、その種に属するいかなる個体も同一のしかたで行動するだろう。

群居性についてはどうだろう。機能分化、さまざまな活動相互の調整、集団生活の全体的統合などが、昆虫やサンゴ礁の住民などの比較的下等な形態の動物生活において顕著にみられるのは注目に値する。（拙論、Nature、一九二四年七月一九日号の"Instincts and Culture"を参照せよ。）しかし、社会生活をいとなむ昆虫にも、群居性をもつ哺乳類にも、われわれは、「群居する」という特別な行為を促進するどんな特別な解剖学上の装置も知らない。動物の集団行動は、あらゆる活動を助けあらゆる本能を包含するが、それ自体は特別な本能ではない。それはあらゆる本能に通じる先天的な構成要素、あるいは一般的機能とでも呼ばれるべきものであり、重大な事態に際してその種の動物を互いに協力させる。動物のあらゆる集団行動において、協同というのは先天的な順応性に支配されているのであって人間に対して使う意味での社会組織とよべるようなものに支配されているのではない。このことに注意することは大切なことだ。この点については、上記の論文で十分に立証しておいた。

このように、人類がどの動物ももっていない群居本能をうけついでいるはずはないし、事実人類にみられるのは広くいきわたった群居性にすぎない。このことは、ある種の場合には人間は個人的行動よりむしろ集団行動によって適応するという一般的傾向をもっているということを意味しているが、この仮定は具体的な人類学上の問題を解く際にはたいして役に立たない。しかも、群居性への傾向という仮定さえ、まったくまちがっているということを示すことができる。人間にはあらゆる重要な行為を共同でなしとげようとする傾向、あるいは少なくとも何らかのはっきりしたタイプの活動を「集団的に」なしとげようとする傾向があるだろうか。むろん彼は、自分の協働する能力を無限に発達させ、ますます多くの仲間をある文化的事業に利用することができる。しかし、どんなタイプの活動が考えられようとも、人間は、状況や文化のタイプに要求されれば、自分のしごとを独力でする能力をもっている。栄養その他の満足にかかわる活動のなかには、食物の収集、魚業、農業など、集団によって行なわれることもあれば、個人によって行なわれることもあるという種類の活動がきわめて多い。種族を繁殖させるために人間は、厳密に個人的な求愛の型とならんで、性的競争や集団的な放縦といった集団的な形態を発達させる能力ももっている。子供をみんなで世話することは、少なくとも昆虫にはみられるが、人間社会では全く類例がなく、そこでは個々の親が個々の子供を世話する。また、多くの宗教的呪術的儀式は共同で行なわれるが、個人的な成人の儀式つまり孤独な経験や個人的な啓示は、礼拝の集団的形態と同様に重要な役割を宗教のなかで演じている。つまり神聖なものの領域でも、人類文化のほかの領域における以上に集団を好むという傾向が見られるわけではない。[原注2]このように、文化的活動をくわしく調べても、特に集団を好む傾向はぜんぜん見あたらない。事実古い時代にさかのぼるほど、個人的な性格が、少なくとも経済活動においては、より優位をしめる。しかし、全く一人一人になることはけっしてなく、ある経済学者たちが想定している「個人的な食料さがし」の段階は、私には虚構のように思える。どんな低い段階においても、組織された活動がいつも個人的な努力と平行して行なわれているのだ。もっとも、文化が進歩するにつれて、個人的な活動が経済的な領域から少しずつ消えて大規模な集団生産にとってかわられることには、なんの疑いもない。つまり、われわれは、文化とともに増大する「本能」の例にぶつかる。これはまさに帰謬法の例だといえよう!

いわゆる「群居本能」の問題にアプローチするもう一つの方法は、人々を結びつけて社会集団を形成しているきずなの性質を調べることだろう。これらのきずなは、政治的なものでも、法的なものでも、言語的なものでも、慣習的なものでも、すべて獲得された特質だ。事実、それらのうちに生得的なものがぜんぜんないことはたやすくわかる。言語というきずなをとってみよう。それは、文化のすべての段階で、人々を結びつけて諸集団を形づくると同時に、彼らを会話によって意志を疎通することのできない人々からはっきり区別している。言語は、全く後天的に獲得された身体的習慣である。それはどんな先天的な器官に基づくものでもなく、ある部族の文化や伝統、つまり、同じ種の内部で変化する要素に完全に依存しているので、先天的なものではあり得ない。さらに「言語本能」が、われわれの祖先の動物から遺伝されてきたと考えることもできない。彼らはシンボルの伝統的なコードによって通信することはけっしてないのだから。組織された協働のどの形をえらんでも、ちょっと調べれば、それが文化の産物に基づいていて、伝統的な規範に支配されていることがわかる。経済活動では人間は道具を使い、伝統的な方法にしたがって活動をすすめる。経済上の協力集団を結びつける社会的きずなは、このようなわけで、完全に文化的な枠組みに基礎をおいている。戦争、宗教儀式、法の執行などのための組織についても同じことがいえる。人工物、伝統的な規範、シンボルとしての音声などに対する特別な反応を自然が人間の中に植えつけたと考えることはできない、それは、これらのものが自然の領域の外にあるという単純な理由による。社会組織の形態と力は文化によって人間社会に与えられたもので自然によるものではない。機関車を走らせたり、機関銃を使ったりする先天的な傾向があるとは考えられない。その理由は単純で、これらの道具の出現が、人類が生物学的に形づくられていた自然の状態において準備されていたなどということはありえないからである。

人間は組織された行動においては、あらゆる自然な資質の外にある要素につねに支配されている。心理学的には、人間の組織は情操に、つまり後天的に形成された態度の複合体に基づいている。技術的には、人間の共同生活は、人間の解剖学的な装備を越える人工物、すなわち道具、器具、武器、物質的装置といつも相互関係をもっている。人間の社会性は、つねに法的、政治的、文化的機能が緊密につながりあったものだ。それは、情動的衝動の単なる一致でも同じ刺激に対する反応の類似性でもなく、獲得した習慣であって、それは人工的な諸条件の組合わせに依存するものである。このことはすべて、家族内で先天的傾向の基礎の上に社会的きずながどのようにして形成されるかを論ずる際にはっきりするだろう。

要約すると、つぎのように言うことができよう。すなわち、人間は明らかに共同で行動しなければならず、人間の組織された行動は文化の基石の一つだ。しかし、動物の集団行動が先天的能力なのに対し、人間のそれはつねにゆっくりとつくりあげられた慣習だ。人間の社会性は文化とともに増大するが、もしもそれが単なる群居性にすぎなかったなら、それは低下するか、少なくともそのままだったにちがいない。ところで実際には、文化の本質的な基礎は先天的な資質を深く修正することにあり、その過程でほとんどの本能が消えさり、方向づけられてはいるが可塑性のある傾向性にとってかわられる、そしてその傾向性は文化的反応としてつくりあげられる。これらの反応の社会的な統合は、その過程における重要な部分だが、本能の一般的可塑性をとおして可能なのであって、群居的傾向によって可能となるのではない！

こうして、われわれは、どんなタイプの人間の組織も群居的傾向にまでさかのぼることはできないし、特別な「群居本能」などないと結論してよいだろう。この原則の必然的な系のひとつは、家族は人間が動物状態からひきついだ唯一の集団形態だということである。しかし、歴史的過程の中で、この統合体はその性格と構成に関して根本的に変化した。その形態自体は驚くほど変わっていないが。両親と子供の集団、母親とのきずなの永続性、子供に対する父親の関係、これらは、あらゆる人間文化と高等動物とのあいだで注目すべき類似性を示している。しかし、家族が文化的要素のコントロールを受けるにつれて、人類以前の猿の家族を統制していた本能は、人類が発生する以前には存在しなかったなにものかに変化する。それがつまり社会組織という文化的きずなであった。さて、ここでわれわれわれは、本能的反応の文化的行動への変換について考察しなければならない。

原注1　本書全体を通じてと同様ここでも、私は明白に、人類の家族の典型的な形態は単婚に基礎をおいているということを主張している。ローウィー博士もその著『原始社会』で、人間社会には単婚が広く分布していると想定している。ピット・リヴァーズは、その著『民族の接触と文化の衝突』、一九二七年、においてこの問題に対する興味深く重要な寄与を行なっている（ことに第八章一、二、三節、及び第一一章一節）。ピット・リヴァーズは、低いレベルの文化における複婚の生物学的社会学的重要性を力説している。彼の見解を全部受け入れることはできないが、この問題は彼が前進させた観点から検討し直されるべきであるという点については私も賛成である。しかし、私は依然として、複婚の重要性はひとつの社会の中における高い社会階層と低い階層とを区分するという働きのうちに見出されるべきであると考えている。妻が多数いることは首長を経済的にも政治的にも有利な条件のもとにおき、そのことによって身分的差異の基礎を提供しているのである。

2　この点については、拙稿「呪術、宗教、科学」（様々な著者のエッセーをJ・ニーダムが編集した『科学、宗教、現実』、一九二五年、に収録）において詳細に解明してある。

Ⅲ　動物と人間における発情と性交

動物の場合に求愛し結婚し家族を構成させる本能的反応の連鎖と、それに対応する人間の制度とを比較してみよう。類人猿の求婚と家族生活におけるそれぞれの段階を調べ、人間の場合にそのそれぞれに対応するものを確かめよう。

類人猿の場合だと、求愛はメスの身体の変化とともにはじまり、その変化は生理学上の要因に決定され、オスの性的反応を自動的に惹き起こす。[原注1] するとオスはその種に固有の求婚のしかたにしたがって求愛しはじめる。影響力の及ぶ範囲にいるすべての個体は、これに加わる。というのは、彼らはメスの状態の魅惑に抗することができないからだ。発情は、オスには誇示の、メスには選択の機会を与える。この段階で動物の行動を決定するすべての要因は、その種のすべての個体に共通なものだ。それらはまったく一様にはたらくので、動物学者は、それぞれの動物種に対して一組の、そしてただ一組だけの資料をもてばよいが、他方、それらは種によってかなり変化するので、それぞれの種についての記述が必要となる。同一種のなかでは、個体的なものであろうとそうでなかろうと、その変差はたいへん小さく影響もないので、動物学者はそれらを無視しており、またそうしてもまったくかまわない。

人類学者は、人類の場合に、求愛と性交のメカニズムに対するそういった一定の方式を規定することができたろうか。むろんできなかった。人間の性生活にふれた本を開くだけで、それがハヴロック・エリス、ウェスターマーク、フレイザーの古典的研究だろうが、クローリーの『神秘なバラ』にあるすばらしい記述だろうが、求愛と婚姻には無数の形態があること、求愛をすべき時期がちがうこと、求婚と獲得のしかたがそれぞれの文化によって異なることなどがすぐわかる。動物学者にとっては種が構成単位で、人類学者にとっては構成単位は文化なのである。言い換えると、動物学者は特定の本能的行動をあつかい、人類学者は文化的に形づくられた習慣的な反応をあつかう。

この点をさらにくわしく検討してみよう。まず、人間には発情期がない。そしてこのことは、男はいつでも性交でき、女はそれに応ずることができるということを意味している——しかし、このことは人間の性交を単純にはしていない。どんな哺乳類のメスにもある排卵のはじまりのようにはっきりと決まって起るような事は人類にはない。このことは、人間の社会では無差別に性交が行なわれることを意味しているのだろうか。われわれは、もっとも放縦な文化にさえ、「乱交」のようなことはぜんぜんないし、またいままでもありえなかった、ということを知っている。あらゆる人間の文化のなかに、われわれは、まず最初に、明確なタブーの体系をみつける。そしてそれは、多くの異性を厳密に分離し、結婚のできる相手のカテゴリーを明確にする。これらのタブーでもっとも重要なものは、日常、自然に接触する人々、つまり同じ家族の成員である子供、両親、姉妹、兄弟を性行為の対象から完全に除外する。このことの拡張として、われわれは、多くの未開社会に性交の広範囲な禁止をみつけるが、それは、同一集団内の人々にあらゆる性関係を禁じている。これは外婚規制である。近親相姦のタブーの次に重要なのは姦通の禁制である。最初のものは家庭を保護するが、二番のものは婚姻を保護することに役立っている。

しかし、文化は性衝動に対してただ否定的な影響を及ぼすだけではない。それぞれの共同社会に、われわれはまた、禁止と除外のほかに性的関心と求愛行動を惹き起こすような刺激も見出す。さまざまな祭りは、踊りと自己誇示のときであり、食物が惜しみなく消費され興奮剤が使われるときだが、それらは一般に性的な目的を追求するための合図でもある。そういう機会には、たいへん多くの男女が集まり、わかい男は家族や地域集団の外部の少女と接触することになる。たいへんしばしば、ふだんの束縛のいくつかは解かれ、少年少女はじゃまされることも監督されることもなく会うことが許される。むろん、そうした機会には興奮剤、芸術的追求、お祭りムードによって求愛が鼓舞される。[原注2]

このように、求愛へのさそいや、性交の許可などは、たんなる肉体的変化によってではなく、文化的影響力の組み合わせによって与えられる。最後の例では、これらの影響力は肉体の接近や精神的雰囲気や適当な暗示によって明らかに人間の身体に作用して先天的な反応を活気づけている。もし個体がすぐに性的反応ができるようになっていなければ、どんな文化的影響力も人間に性交させることはできないだろう。しかし、われわれは自動的な生理学上のメカニズムのかわりに、人為的な要素が大きく取り入れられる複雑な装置をもっている。こういうわけで、二つの点に注意しなければならない。すなわち、人間には純生物学的な解放のメカニズムは一つもないが、そのかわりに、心理学的要素と生理学的要素が結合した過程があり、その時間的、空間的、形態的な性格は、文化的伝統によって決定される。この過程に関連しそれを補うものは、文化的タブーの体系で、それは性衝動のはたらきをかなり制限している。

さてここで、動物にとって発情とはどんな生物学的な価値があり、人間にそれがないということがどんな結果をもたらすのかを調べることにしよう。すべての動物の性交は選択的なものである。すなわち、オスにもメスにも、くらべて選ぶという機会があるにちがいない。オスにもメスにも、自分を誇示し、相手を魅惑し、えらんだ相手を得るために他のものと競争する機会があるにちがいない。色、声、肉体の強さ、巧妙さ、闘いのときの機敏さ——身体的力と有機的完全さのあらわれ——が選択を決定する。選択による性交は、自然陶汰の不可欠な対応物である。というのは、選択的な性交というしくみがなければ、その種は退化してしまうだろうから。この必要性は、われわれが有機体の進化の尺度をのぼるにつれて、増大してゆく。最下等な動物では、つがうことさえ必要でない。このようなわけで、最高等な動物、つまり人間の場合、選択的性交の必要性が消えるはずはない。事実その反対を仮定する方がより正しいと思える。

しかし、発情は、動物に選択の機会を与えるだけのものではない。それは、性的関心をはっきりと制限し、その範囲を定めもする。発情期でない時期には、性的関心はなく、性に対する過度の熱中だけでなく、そのための競争や争いも動物の日常生活から消え去る。求愛活動と関連して生じる外敵の危険や内部における分裂の危機を考えると、ふだんの時に性的関心が消失し、それが一定の短期間に集中していることは、動物の種の保存のうえに大変な重要性をもっていることが分る。

これらすべてに照らしてみるとき、人間に発情期がないということは、何を意味しているのであろうか。人間の場合には性衝動は季節的な制限をもたず、特別な身体的過程に条件づけられることもなく、単なる生理学的な力に関する限り性衝動は男女の生活のどんなときにも作用する。それは、すべての他の関心を打ち負かそうと、いつも身構えており、放置されている限り、現にあるすべてのきずなに働きかけそれをゆるめがちだ。この衝動は、人を夢中にさせることができ、かつどこにでもあるものなので、人間の正常な活動を妨げ、萌芽状態の共同体を破壊し、内部からは混乱をつくり出し、外部からは危険をまねくだろう。これは単なる空想ではない。事実、性衝動は、アダムとイヴ以来、実に多くのトラブルの源になってきたのだ。それは、われわれが、現代の現実、過去の歴史、神話や文学作品などで出会うほとんどの悲劇の原因になっている。しかしまさに葛藤という事実自体が性衝動をコントロールする力が存在することを示しており、それはまた、人間が飽くことを知らない欲望におぼれるものではないこと、彼は障害をつくり出し、タブーを課し、それは運命の力と同じくらい力強いものになることを立証している。

文化の世界で性を規制するこれらの障害やメカニズムは、自然状態にある動物の保護装置とはちがうということに注目するのが肝要だ。動物の場合、本能的資質と生理学的な変化がオスとメスをある状況へ、つまり彼らが自然な衝動の単純なはたらきによってぬけ出さなければならないような状況へ投げこむ。人間の場合だと、文化と伝統がコントロールする。われわれはそれぞれの社会に、男女が衝動の命ずるままに行動することを不可能にする規則をみつける。どういうふうにしてタブーが現われたのか、どんな力によってそれが機能するのか、といった点については後ほど検討することにしよう。しばらくの間は、社会的タブーは本能からその力を得ているのではなく、むしろ、いつもなんらかの先天的な衝動に反して作用しなければならないということをはっきり認識すれば十分だ。人間はいつでも性的に反応できるが、この反応に対して課せられた人為的な制止に従いもする。

さらに、男女のあいだの積極的な性的関心を解放するような自然の肉体的過程はなにもないが、求愛に対する多くの刺激が衝動を誘導し発揮させる。

ここでわれわれは、われわれが本能の可塑性ということばで意味したことを、より正確に定式化できる。性的関心に関連した行動様式は、人間の場合、その目的との関連だけによって決定される。つまり、人間は選択して交わらなければならないから、乱交はできないのだ。衝動の解放、求愛への誘導、限定された選択への動機は、文化的装置によって決められているが、これらの装置は動物が自然の資質によってたどるのと平行ないくつかの過程をたどらなければならない。それ故、選択の要素、排他性を保護するもの、とりわけ性が日常生活に絶間なくかかわることを防ぐタブーなどがなければならない。

人間の場合の本能の可塑性は、生理学上の変化も求愛の生物学的動因の自動的な解放もない、ということによって定義される。それは、文化的要素が性行動を効果的に決定しているということと関連している。人間はある種の性的傾向を与えられているが、それはさらに、それぞれの社会によってちがう文化的な規範体系によって、形づくられなければならない。われわれは、現在のわれわれの研究過程のなかで、それらの規範がそれぞれの社会でいかにちがい、基本的な動物的型からいかにそれることができるかをより正確に知ることができるはずだ。

原注1　ハヴロック・エリス著『性心理学研究』(六巻)参照。この研究において著者は、文化のもと

における性本能の規制がもつ生物学的な意味を見落しておらず、また、動物社会と人間社会の比較を説明の重要な手がかりとして用いている。ダーウィンの性陶汰の理論に対する興味深いコメントは三巻（一九一九年版）の二二頁以降にみられる。同巻には性衝動に関する様々な理論に対する一般的な批評もみられる。第四巻では人間における性陶汰が論じられ、第六巻ではこの問題の社会学的な側面が取扱われている。

2 ハヴロック・エリスは、エッセー『性の周期性』第一巻（一九一〇年版）において、動物と人間における周期的な交尾に関する豊富な資料を提供している。殊に一二三頁以降、参照。また、ウェスターマーク著『人類婚姻史』（邦訳は、一九七〇年、社会思想社刊）、一九二一年、第一巻第二章、参照。

Ⅳ　婚姻関係

さて、人間と動物の一生の普遍的な過程をたどって、つぎの段階を観察することにしよう。そして、動物と人間、また旧石器時代の洞穴居住者と大型類人猿が、各々平行してはいるが別々の道をたどって到達する婚姻のきずなについて検討してみよう。動物、特に猿において、結婚は実際には、どんなことから成りたっているのだろうか。求愛行為がつみかさねられると性交が行なわれ、これによってメスは妊娠する。受胎とともに発情は終わり、それがおわるとともにメスの他のオスに対する性的魅力もなくなる。しかし、メスを獲得したオス、つまり、そのメスがえらび身をまかせたオスについては事情がちがう。われわれの手もとにある資料によっては、自然の状態にある高等な類人猿が、妊娠後も性交するのかどうかをはっきりさせるのはむずかしい。しかし、そのメスのつれあいは彼女に愛着をもっているが、彼女は他のオスにとっては魅力がなくなるという事実が動物の結婚というきずなを形づくっている。あたらしい状況に対するオスとメス両方の特別な反応、彼らの相互的な愛着、自分の配偶者といっしょにいて、彼女を守り、助け、保護し、やしなうというオスの傾向——これらは、動物の結婚を成りたたせる先天的な要素である。こういうわけで、生涯のあたらしい段階は、行動のあたらしい形からなっていて、それは本能の連鎖のあたらしい環によって支配されている。この環を、性衝動と対照させて結婚反応とよんでもいいだろう。動物の結婚は、発情期のコントロールできない強い情欲にも、オスの性的な嫉妬にも、あるいはオスの側の全面的な独占に対する要求にも基づいていない。それは、独特な先天的傾向に基づいているのである。

人間の社会へすすむと、結婚によるきずなの性格はまったくちがってくる。まず第一に、性的結合は、必ずしも結婚を成りたたせはしない。結婚は儀式の特別な形態によって認められることが必要で、この種の社会的行為は前の章で述べたタブーや刺激とはちがうものだ。ここで、われわれは文化特有の創造的なはたらき、つまり、認可あるいは証明をみるのであるが、それが二人の個人のあいだにあたらしい関係を確立する。この関係は本能からでなく社会学的強制から引きだされる力をもっている。このあたらしいきずなは生物学的なきずな以上のものだ。この創造的なはたらきが実行されないかぎり、言い換えれば結婚がその文化的形態で結ばれないかぎり、男と女は好きなだけ長く、そしてしばしば交わり、いっしょに住めるにしても、彼らの関係は、社会的に認められた結婚とは本質的にちがうものである。人間には結婚のための先天的な装置がなにもないので、彼らのきずなは生物学的に保護されてはいない。社会がそれを承認しない限り、文化的制裁によって強化されることもない。逆に、あらゆる人間社会において、適切な社会的認可を得ずにあたかも結婚したかのようにふるまおうとする男と女は多少ともきびしい罰を受けることになる。

このようなわけで、あたらしい力、あたらしい要素が動物の単なる本能的調節を補うようにはたらきだすが、それは社会による干渉である。そして、この認可を一度得てしまえば、つまり二人が一度結婚してしまえば、彼らが多くの義務、つまり結婚に関係のある生理学的、経済的、宗教的、家庭的義務を果すだろうし、また果さねばならないということは、つけ加えるまでもない。われわれがみてきたように、人間の結婚は、単なる本能的動因の結果ではなく、複雑な文化的誘導による結果なのである。しかし、婚姻が社会学的に成立し認められると、たくさんの義務、束縛、相互性が課せられ、それらは、法的、宗教的、道徳的な制裁によって裏づけられている。人間の社会ではこうした婚姻関係を解消し、べつな相手とまた結婚することは一般に可能ではあるが、けっしてたやすいことではないし、いくつかの文化では離婚のために支払わねばならない犠牲が大きすぎるので、ほとんど離婚が禁止されているに等しい。

ここで本能的な調節と文化的な決定因のちがいが明らかになる。動物の場合、結婚は選択的求愛によって引きおこされ、妊娠だけで決まり、先天的な愛情の力によって維持されるのに対し、人間の場合、それは文化的要素によって引きおこされ、社会学上の認可によって決まり、さまざまなシステムの社会的圧力によって維持される。しかもなお、文化的装置が自然の本能と非常によく似た方向にはたらき、メカニズムはまったくちがっているが同じ結果をもたらす、ということは明らかである。高等動物では結婚はなくてはならないことだ。なぜなら、妊娠期間が長ければ、それだけ妊娠したメスとあたらしく生まれた子供は無力で、オスが彼らを守ってやることがより必要になるからである。夫婦の情愛という先天的に決定されているきずながあり、オスはそれによって自分の選んだ相手の妊娠に対応するのだが、そのきずなは種の必要性をみたし、実際、種族保存に不可欠なものである。

人間の場合でも、妊娠にやさしく深い関心を寄せる保護者に対するこの必要性は動物の場合同様である。しかし先天的なメカニズムは消失している。それは文化のレベルが高くても低くてもほとんどの社会で、おとこは結婚の契約を強制する社会の圧力によらなければ、自分の子供に対してどんな責任ももちたがらないという事実からもわかる。それぞれの文化はある力や装置を発展させ、それらが動物の本能的傾向が果すのと同じ役割を果している。つまり結婚の制度はその基本的な道徳的、法的、宗教的側面においては動物における結婚への傾向の直接的な産物としてでなく、それに対する文化的な代用物と考えられなければならない。この制度は男女にあるタイプの行動を課すがそれは動物の先天的な傾向がその種の要求に対応するのと同じくらい密接に、種としての人類の要求に対応している。

あとでみるように、文化が夫婦をお互いに結びつけるもっとも強い手段は、彼らの感情を形づくり組織し個人的な態度を形づくることにある。われわれはこの過程をもっと十分に研究する機会をもち、そこで人間的なきずなと動物のきずなとの本質的なちがいをみつけることになるだろう。動物の場合にはつぎつぎに継起し、その都度先行するものにとって代わるような本能の連鎖がみられるのに対し、人間の行動は、十分に組織された情動的態度すなわち心理学の術語で情操と呼ばれるものによって決定される。動物の場合、一連の生理学上の契機、つまり有機体内部に生じる変化があり、そのそれぞれが先天的な反応を決定するが、人間の場合には連続して発達する情動のシステムがある。やがて恋人になるべき二人が最初に会い、だんだん夢中になり、それにともなって関心と愛情が成長してゆく期間をとおして、われわれは、次第に発達しより豊かになって行く情動のシステムを跡づけることができる。そして、そのシステムの連続性と一貫性がしあわせで調和のとれた結婚関係の条件なのである。この複合的な態度のなかに、先天的な反応のほかに道徳規範、経済的期待、精神的な関心といった社会的な要素が入りこんでくる。夫婦間の情愛の後の段階は求愛の過程によって大きく決定される。一方、恋人同士の求愛関係と個人的な相互関心は、将来の結婚の可能性やそれから得られる利益に影響される。将来の状態を想像したり、記憶や経験の影響を受けたりすること、つまり過去、現在、未来がつねに互いに影響を及ぼしあっているという事実のなかに、人間の結婚関係が動物でみたような一連のはっきりと区別された段階のかわりに、連続した均質的な発達の過程を示す理由がある。

このすべてのなかに、ふたたびわれわれは以前に気付いたのと同じ本能の可塑性を見、また文化の影響下にあるメカニズムが、単なる生理学上のものとはたいへんちがっているにもかかわらず、社会が形づくる人間の婚姻規制の一般的な形態は自然淘汰が動物諸種に命じる方向にはっきりと対応していることを知る。

V　親としての愛

求愛、性交、妊娠は動物においても人間においても同じ結果、つまり子孫の誕生をもたらす。さらにこのできごとに対して、文化をもった人間の男女にも、人類以前の動物に似たような心的反応がある。事実一見したところでは、出産行為は人間と動物とで全く異なるところのないひとつの生物学的なできごとだとみなされるかも知れない。母子関係も普通は類人猿から人間へと遺伝的に持ち越された関係、つまり文化的にではなく生物学的に決定される関係であると考えられている。しかし、この見方は正しくない。人間の母子関係はかなりの程度まで文化的要因に決定される関係だ。一方、人間の父子関係は最初は生物学上の基礎をほとんど完全に欠いたもののように思えるが、先天的な資質や生物体としての必要性に深く根ざしたものであることを示すことができる。こうしてわれわれは類似点と相異点を明らかにするためには、ここでもふたたび、動物の家族と人間の家族をこまかく比較しなければならないことになる。

動物の場合、出産は二匹のあいだの関係を変える。家族にあたらしいメンバーが加わるのだ。母親はそれにすぐ反応する。彼女はコドモをなめ、いつも見守り、自分のからだであたため、自分の乳でやしなう。母親の初期の配慮はある解剖学的な装備、有袋類の袋や哺乳類の乳房などと関連している。コドモがうまれると、それに対する反応が母親に起こる。赤ん坊にも反応がある——それは、実際、たぶんもっとも疑う余地なく本能的と呼べるような行動のひとつだ。

人間の母親にもこれと似たような解剖学的な装備があり、受胎、妊娠、出産にともなって、ほかのあらゆる哺乳動物の懐妊の場合と似た一連の身体的変化が起こる。子供がうまれると、動物の母親の場合と同様の身体的状態が、人間の母親にもみられる。彼女の乳房は乳で張って大きくなり、赤ん坊の空腹やかわきと同じくらい基本的で力強い衝動によって赤ん坊を求める。あたたかく、ここちよく、安全な場所への子供の要求は、子供をしっかりと抱きたいという母親のたいへん強く情熱的な願望と対応している。それらは、子供の幸福をねがう彼女のやさしさや配慮と相互関係をもっている。

しかし、人間の社会で、文化的レベルが低かろうと高かろうと、母性が単なる生物学的資質とか先天的な衝動の問題にすぎないなどという社会は一つもない。恋人同士の関係を決定し、配偶者同士に義務を課しているのに似た文化的影響は子供に対する母親の関係を形づくる作用もしている。懐妊のときからこの関係は社会的関心事になる。母親はタブーを守らなければならず、また特定の慣習にしたがい、儀式的な処置も受けなければならない。高等社会では、これらは完全とは言えないまでも大部分衛生上や道徳上の規範に席を譲っているが、下等社会ではそれらは呪術や宗教の領域に属している。いずれにしても、こうした慣習や規則はすべて胎内の子供の幸福を目的としている。胎児のために母親は儀式的な処置を受け、難儀に耐えなければならない。こうして、ある義務が未来の母親に、彼女の将来の本能的反応を期待して課せられる。彼女の義務は彼女の感情に先行する。言いかえれば、文化は彼女の将来の態度を命じお膳立てをととのえるのである。

出産後も、伝統の影響は弱まりもせず不活発にもならない。浄化の儀式、母親と子供を共同体の他のメンバーから隔離する規則、命名式、あたらしく生まれた赤ん坊がその部族へ受け入れられる儀礼、これらすべてが二人のあいだのきずなをつくりだす。こうした慣習は、父系制社会にも母系制社会にもある。後者には、概して、より洗練された仕組があり、母親は子供と最初だけでなく後になってからも、よりいっそう密接な接触を保たせられる。

こうして、文化はその伝統的な命令によって本能的傾向を模している、ということが誇張なしに言える。もっと正確に言うと、それは本能的傾向の支配を促進しているのだ。結局すべての文化的影響力は、赤ん坊にやさしく乳をのませ、それを守り、世話することを母親に命ずる生得の傾向を単に裏づけ、拡大し、限定するだけだ。

動物社会と人間社会における子供と父親の関係を比較すれば、人間の場合に文化的要素を見つけるのはやさしいが、本能的資質があり得るかどうかを決定するのはむずかしい。実際のところ、少なくとも高等な文化では結婚によるきずなを課する必要は理論的にも実際的にも父親に彼の子供の世話をさせなければならない、という事実に由来するものである。非嫡出子は概して、嫡出子と同じように父親の世話を受ける機会はないが、後者がそうした世話を受けるのも、かなりの程度までは、それが父親の義務であるという理由からである。とすると、これは人間には先天的な父性傾向がないということを意味しているのだろうか。そうではなく、われわれは人間の父親が、はっきりした衝動――自然な父性を確立するには不十分だが、慣習を形づくるための素材として役立つには十分な衝動――をもっていることを、示すことができる。

まず最初に、高等な哺乳類の父性をみてみよう。われわれは、そこではオスが不可欠なことを知る。なぜなら、妊娠期間、授乳期、子供の教育期間が長いために、メスと彼女の子供は彼らに関心を注いでいる強い保護者を必要とするからである。これに関連して、われわれは前の章で結婚反応と呼んだものを見つける。オスに妊娠したメスの世話をするように仕向けるこの反応は、出産後も弱まることはなく、逆により強くなり、家族全体を守るというオスのもつ傾向にまで発展する。二匹の配偶者のあいだの結婚による愛着は、生物学的には父親としての愛に導く中間段階と見なされるべきものである。

人間社会に目をむけると、われわれはその必要性が減ずるどころかより強くなることがわかる。妊娠し、授乳している女は類人猿のメスよりもいっそう無力であり、この無力さは文化とともに増大する。子供たちもまた、授乳や養育あるいは先天的な傾向をのばすといったような動物のコドモも受ける普通の世話だけでなく、もっとも単純な人間社会においてさえ不可欠な言語、伝統、手しごとといったことの教育をも必要とする。

こういうわけで、われわれは、人間が自然の状態から文化へと移行するにつれて、オスの基本的な傾向が——それはあたらしい状態においてはいっそう支配的なものなのであるが——少しずつ減少、あるいは消えていったと考えることができるだろうか。そうした事態は、すべての生物学的法則に反していたことだろう。それは、実際に、人間社会で観察されたすべての事実によって、完全に否定される。なぜなら、ひとたび男が妻とととどまり妻の妊娠を守り、出産のときに果さねばならないさまざまな義務を果すようになると、子供に対する彼の反応が、衝動的な関心とやさしい愛着になるということに少しの疑いもありえないからである。

こうして文化的な資質と自然的な資質との働きの間の興味深いちがいがわかる。文化は

――法、道徳、慣習のかたちで――男を自然状態にしたがわなければならないような、つまり、妊娠した女を守りつづけなければならないような位置におく。それはまた、女が子供に対して前もってもつ関心をわかつよう、さまざまなしかたで男に強いる。しかも、ひとたびこの位置におかれると、男は例外なく子供に対する強い関心と積極的な感情をもって反応する。

さらに、このことがわれわれにたいへん興味深い点を示す。あらゆる人間社会に――いかにそれらの性道徳、胎生学の知識、求愛のタイプがちがっていようと――嫡出の原理と呼べるものが普遍的にみられる。私がこのことばで意味しているのは、あらゆる人間社会において少女は妊娠する前に結婚していることを命じられているということだ。未婚の女性の妊娠と出産は、例外なく不名誉なことと考えられている。[原注1] それは、この論文で触れたたいへん自由なメラネシアの共同社会にもあてはまる。それは、また、われわれが多少とも資料をもっているすべての人間社会に関しても同様である。私は、非嫡出子、つまり未婚の女性の子供が嫡出子と同じ社会的な扱いや社会的地位を享受しているような社会の例を、人類学的な文献のなかではひとつも知らない。

嫡出に対する普遍的な要請は社会学的にきわめて重要であるが、これはまだ十分には認められていない。このことは、あらゆる人間社会で、道徳と法は、女とその子供からなる集団は社会学的に完全な単位ではないとみなしている、ということを意味している。文化の支配力は、ここでもまた自然の資質とまったく同じ線上をはしっている、つまり、人間の家族が男と女から構成されていなければならないことを主張している。しかもこうした方向づけに好都合な反応はオスの情動的態度の中にすでに存在しているのである。父親は、あらゆる段階の文化で、自分の子供に関心をもっており、この関心が父系制社会のなかでいかに合理化されていようとも、それは結局、子供が父親の相続者でも後継ぎでもなく、生物学的にも父親と関係がないとさえ考えられている母系制社会におけるものと全く同じものである。[原注2]また、一妻多夫婚のおこなわれている社会のように、だれが父親なのかという点については知識も関心も全くあり得ないようなところでさえ、父親としてふるまうように選ばれた者は、この要求に対して感情をこめて応じる。

父性の本能的な傾向のはたらきをどのようなものとして考え得るかを検討してみるのは興味深いことだろう。母親の場合には、反応は明らかに身体上の事実によって決定される。彼女が愛し、関心をもつのは、自分の子宮でつくりあげたまさにその子供なのだ。男の場合には、メスの卵子を受胎させる精子細胞と情動的態度との間には、そういった相関関係はありえない。男親の情動的態度を決定する唯一の要因は、母親の妊娠期間中に彼女といっしょに送った生活と関係している、と私には思える。もしこれが正しければ、われわれは、文化の命令が情動態度を刺激し組織するのにいかに必要か、また、先天的な資質が文化にとっていかに不可欠なものかがわかる。社会的な圧力だけでは、男にこれほど多くの義務を課すことができないし、また、生物学的な資質がなくては、彼がそれらの義務をこんなにも自発的な情動的反応をもって遂行することもあり得なかっただろう。

父親の子供への関係に入りこんでくる文化的要素は、母性を決定する文化的要素とたいへん似ている。父親はふつう母親に課せられるタブーをわけもち、あるいは少なくとも、べつないくつかのタブーを彼女と並んで守らなければならない。子供の幸福と確かに関連している特別なタイプの禁止は、妊娠した妻との性交に関するタブーだ。出産のときにも、父親が実行しなければならないさまざまな義務がある。それらのうちでももっとも有名なものは擬娩（couvade）で、それは、妻が日常の家事をしているのに、夫は分娩後の病いの徴候と無力さを引き受けなければならない、という慣習だ。これは父性の確認のもっとも極端な形態であるが、いくらか似たようなきまり、つまり男が妻の分娩後の負担をわけもったり、少なくとも、彼女への共感を表わす行動をしなければならないというようなきまりはあらゆる社会にある。このタイプの慣習をわれわれの図式のなかに位置づけるのは、むずかしいことではない。擬娩という一見すると馬鹿げたように思える観念でさえ、深い意味と不可欠な機能とを示している。人間の家族にとって、父親と母親から成るということに高い生物学的な価値があるなら、伝統的な慣習と規範が、父親と子供が精神的にも密接に結びつけられているような社会的状態を確立するためにあるのなら、またそうしたすべての慣習が、男の注意をその子供に向けさせることを目的としているなら、男に分娩の苦しみや母の病いをまねさせる擬娩は大きな価値をもち、父としての傾向に必要な刺激と表現を与えるものだ。擬娩やその種の慣習はすべて、嫡出の原理、つまり子供にとって父親は必要だということを強調するのに役立っている。

これらすべてのことの中に、われわれはふたたび、問題の二つの側面をみる。本能だけが人間の行動を決定するのでは決してない。人間があたらしい状態に適応するのを妨げる硬直した本能は、人類にとっては役に立たない。本能的傾向の可塑性は、文化的進歩の条件なのである。しかし、それらの傾向は現実に存在し、それらを恣意的に発達させることはできない。母子関係の性質すら文化によって決定されるし、義務は伝統によって外部から課せられるのであるが、それらはすべて先天的な傾向と対応している。というのは、それらはすべて父親と子供のきずなの緊密さを強調し、彼らを分離するとともに互いに依存するようにもしているのだから。これらの社会的関係の多くは何ものかを先取りしているということ、たとえば、それらが父親を彼の将来の感情に備えさせ、また彼が後に発達させるであろう特定の反応をあらかじめ彼に課すということは留意しておくべき重要な点である。

われわれが見てきた父性は、単なる社会的装置としてだけ考えられてはならない。社会的な要素は、男が感情を込めて反応できるような状況に彼をおき、父性的傾向を表現できるような一連の行為を彼に提供する。こうして、われわれは、母子関係が生物学的であると同時に社会的なものであることを見出した一方、父子関係もまた、生物学的な要素によっても決定され、そのために、その構造においては母子関係とたいへん類似していることを確認しなければならない。こうしたことすべてにおいて、文化は自然の傾向を踏みにじるというよりもむしろ強調している。それは、家族を、自然とはべつな要素を用いてではあるが、われわれが自然のなかにみたと同じパターンに再形成する。文化は反乱を起こすことを拒否する。

原注1　ウェスターマークは、『人類婚姻史』(邦訳は、一九七〇年、社会思想社刊)、一九二一年、第一巻、一三八―一五七頁において、婚前の純潔をまもるという点で特徴づけられる未開民族の例を約一〇〇例ほど引用している。しかし、引用されている記述の多くはこの事実についてのはっきりした証拠とはなっていない。たとえば、ある民族について、「男の場合あるいは女の場合に純潔は高く評価される」とか「花嫁の処女性は高い価値のあるものとみなされる」等と言うことは、婚前の性交が行なわれていないということの証明にはならないのである。

ただ、われわれの観点からみてこの証拠の集積がきわめて重要なのは、それが「嫡出の原理」の普遍性だけははっきりと示しているからである。引用例のうちの二五例は、純潔ではなく、未婚の少女が子供をもつことに対する禁止に言及しているのである。さらに、残りの例のうち二〇以上は、違法な性関係が存在しないということではなく、そうした関係が見つかった場合には、民族によって相違はあるがいずれにしても、非難されたり罰金をとられたり結婚するよう強制されたりするということを示している。結局、ここにあげられた証拠全部をもってしても婚前の純潔に関しては結論が出せないが、嫡出の原理がきわめて広く浸透していることは明らかである。そして、われわれの目下の議論の観点からすれば、この二つははっきり区別しておくべきである。

2　拙著『未開心理における父』Psyche Miniatures 一九二七年、gen. ser. no. 8. p.93. London 参照。

Ⅵ　人間における家族のきずなの持続性

哺乳類の家族生活は、つねに子供の出産以後も続き、高等動物になるほど両親が共に長い間子供の世話をする。子供はゆっくりと成長して父親と母親両方のより長い保護と訓練を必要とするので、彼らは子供の世話をするために一緒に暮らさなければならない。子供たちは、独立できるようになるとすぐに両親から離れる。このことは、その種にとっての基本的な必要性と一致している。

というのは、生活共同体とそれを形づくるきずなは、何か特別な機能を果すのでなければ動物にとって負担になってしまうからだ。

しかし、人間の場合には新しい要素が入りこんでくる。自然によって命令され慣習と伝統に裏書きされた保護の外に文化的教育という要素が入ってくる。動物における食物の採集や特別な動作の訓練のように、本能を十分発達させる訓練ばかりでなく、動物にとって本能が不可欠であるのと同じように人間にとって不可欠な沢山の文化的習慣を発達させる必要性もある。男は、自分の子供たちに芸術や工芸の知識や技術、言語と道徳文化の伝統、社会組織をつくりあげている慣習などを教えこまなければならない。

これらすべてを実現するためには、二つの世代の間に、つまり伝統を伝える古い世代とそれを受けつぐ若い世代の間に特別な相互協力が必要である。そこで我々は家族が正に文化の発展のための作業場であることに気づく。というのは、伝統の連続性は特にその発展が最も低いレベルにあるところでは、人間の文化の最も重大な条件であり、この連続性が家族の組織にかかっているからである。人間の家族の場合、この機能、つまり伝統の連続性を保つことは、種の繁殖と同じ位重要なのだ、ということを強調しておくことが必要だ。

そのわけは、文化が担い手である民族なしには存続できないように、人間も文化を奪われたら滅んでしまうだろうからだ。さらに、最近の心理学は我々に、人間の訓練の家庭内でなされる最初の段階が、教育上の重要性をもっていることを教えてくれたが、このことは以前の学者たちが完全に見過ごしてきたことである。しかも、現在、家庭の影響がはかり知れないものだとすれば、それは文化の発生期には、さらに大きかったに違いない。その頃にはこの制度が人間にとって唯一の学校で、受けた教育は単純だがしかし、高いレベルの文化では不必要な強制的な力と明確な輪郭と厳格さをもって与えられたに違いないからである。

親による教育のこの過程によって文化の連続性が保たれるのだが、この過程の中には、人間の社会における役割の分担の最も重要な形態、つまり指導する者とされる者との間、文化的優越者と劣った者の間にある区分がみられる。教えるということ——つまり、技術的な情報と道徳上の価値を伝える——は、特別なかたちの協同を要する。親が子供を教育することに関心を持ち、子供が教わることに関心を持たなければいけないだけでなく、特別な情動的状況もまた必要だ。そこには、一方に尊敬、服従、信頼が、他方に優しさ、威厳、指導することへの願望がなければならない。訓練は、何らかの権威と威信がなければできない。真実を明かし、模範を示し、命令をくだすだけでは、目的を達成することも命令に従わせることもできない。それらは、子供と親の全ての健全な関係の特徴である心からの信従と愛情のこもった権威とによって支えられていなければならない。

これらの相互に関連した態度は、むすこと父親との関係のうち最もむずかしく、最も重要なものである。一方にわかものの活気と進取の気象があり、他方におとなの保守的な権威があるというわけで、恒久的な敬虔の態度を確立するにはある種のむずかしさがある。母親は、最も近くにいる保護者であり、最も情愛の深い協力者なので、子供に対する初期の関係には、普通、特に困難な点はない。しかし、この関係が、従順さ、尊敬、服従などの態度によって、調和を保ちつづけるのをさまたげる要素が、後の段階で入り込んでくる。このことについては、我々はこの本の前の部分で既に知っているが、もう一度これらの事に戻らなければならなくなるだろう。

成熟した動物は、先天的な傾向に従って親のもとを離れるが、人間の場合にはもっと永続的なきずなが不可欠である。何よりもまず、教育の必要によって、こどもは成熟した後も長く家族と結びつけられている。しかし、教育の終了も家族の最終的な解体にはつながらない。文化的な訓練のために確立された関係は更に持続して別の社会組織の樹立の基盤となる。

おとなになった個人が両親を離れて新たに家庭をつくった後にさえ、両親に対する彼の関係は積極的な意味を持ち続ける。全ての未開社会では、例外なく、地域社会、氏族、部族は、家族のきずなが徐々に拡大してゆくことによって組織されている。秘密結社、トーテム集団、部族集団の社会的な性質は、一様に求婚の観念に基づいており、権威や位階の原理を通じて居住地域とも関連しているが、依然として本来の家族のきずなとも明らかに結びついている。[原注1]

より広い社会集団と家族の間のこの現実に経験的にとらえ得る関係の中に、我々は家族の本質的な重要性をみる。未開社会では、個人は自分の社会的紐帯の全てを、父親、母親、兄弟、姉妹との関係のパターンの上につくりあげる。このことは、人類学者も精神分析学者も心理学者も十分認めている。ただし、モルガンの空想的な理論と彼の追随者のある者達は別だが。このように、おとなになって以後も家族のきずなが持続するということは、全ての社会組織の範型であり、全ての経済的、宗教的、呪術的事柄における協働の条件である。我々は前の章でこの結論にたどりついたが、そこでは十分な証拠もなしに主張された群居本能を検討し、「群居」に対する本能も先天的傾向もないことがわかったのであった。しかし、社会的きずなが人類以前の群居性にまで還元することができないとすれば、それは人間が、動物の祖先から受けついできた唯一の関係、つまり、夫と妻、両親とこども、兄弟と姉妹の関係、要するに未分化な家族の関係の発達から得たものであるに違いない。もしそうなら、家族のきずなの持続性と、それに対応している生物学的文化的態度が、伝統の連続性のためばかりでなく文化的協働のためにも不可欠なものだ、ということになる。またこの事実のうちに、我々は、動物と人間の本能的資質のうちの最も深い相違をみるべきである。というのは、人間の社会において、個体の成熟の後も家族のきずなが存続するという現象は、動物の間にみられる本能のパターンに対応するものではないからだ。この点に関しては、可塑的な先天的傾向について語ることはできない。それは、動物では個体の成熟後まで家族のきずなが延長されることはないので、それが先天的なものであるはずがないからだ。さらに生涯続く家族のきずなが持つ効用と機能は、文化的必要によって条件づけられるもので、生物学上の必要によるものではない。このことは、動物には生物学上の有用性がなくなってからも家族を維持しようとする傾向は全然ないということからもわかる。人間の場合、文化が新しい必要性、すなわち、両親と子供たちの密接な関係を生涯もち続けることの必要性をつくり出す。一方では、この必要性は、文化をある世代から次の世代へ伝えるということによって条件づけられ、他方では、全ての社会組織にとっての範型であり出発点でもあるきずなを、生涯保持するという必要性によって条件づけられている。家族は、常に親族の核となる生物学的な集団で、出自と相続の規則によってその子供の社会的地位を決定する。すぐわかるように、この関係が個人にとって無意味になるということはけっしてなく、それは常に作用していなければならない。こうして、文化は動物界には原型のない、新しいタイプのきずなをつくりだす。しかし、後でみるように、文化が本能的資質と自然の先例を越えるこの創造的な働きの中で、それはまた人間にとってきわめて危険なものもつくりだす。二つの力強い誘惑が、つまり性の誘惑と反抗への誘惑が、文化が自然から自分を解放したまさにその瞬間に現われる。人類の進歩の最初の段階をおし進めるべき集団の内部に、人類に対する二つの危険が、つまり、近親相姦への傾向と、権威に対する反抗が現われる。

原注1　ここではこの観点についてこれ以上例証することはできない。詳細については、国際心理学双書（International Library of Psychology）のために準備中の＊「親族関係の心理学」に関する拙著を参照されたい。＊実現しなかった（訳者注）

Ⅶ　人間の本能の可塑性

本章では、近親相姦と反抗という二つの危険についてくわしく考察したいが、まず最初に人間と動物の家族を比較してきたこれまでの数章の要点をざっと見直すことにしよう。人間と動物の間で、行動の全般的な方向はかたちの上では類似している。まず、人間の社会においても動物の種においても、限定された時期にきまった形式に従って行なわれる求愛の行為がある。次に、選択的な性交が排他的な結婚生活に導くが、その一般的なタイプは単婚である。最後に、動物にも人間にも、同じ種類の保護や義務をふくむ親子関係がある。要するに、行動様式とその機能は、いずれの場合も同様である。選択的な性交、夫婦の排他性、親の保護による種の保存は、動物の本能装置と人間の制度のもつ主要な目的なのだ。

こうした類似性と並んではっきりした相違点もある。これらは目的のなかにではなく、目的に達する方法のなかにあるのだ。性交の選択がなされ、婚姻関係が保たれ、親による保護が確立されるメカニズムは、動物の場合、まったく先天的なもので、解剖学上の装置、生理学的な変化、本能的な反応にもとづいている。この一連のメカニズム全体は、ひとつ種に属するすべての動物において同じパターンを示している。人類の場合、メカニズムはこれとは異なっている。求愛し、性交し、子供を養育する一般的傾向があり、この傾向は人間でも動物と同じくらい強いが、種全体に見られる共通のはっきりした形式はない。自然の境界標は消えさり、文化的な境界があらわれる。性衝動はいつも活動していて、そこには発情期もなければ女の魅力が自動的になくなるといったこともない。先天的父性はなく、母親との関係でさえもっぱら先天的な反応によって定められているわけではない。厳格な本能的決定因のかわりに、われわれには文化的要素があり、それが生得的な傾向に形を与える。こうしたことすべては、本能と生理学的過程との関係やそれらの修正可能性に深い変化が生じたことを意味している。こうした変化の内容を、われわれは「本能の可塑性」と表現してきた。この言葉は、上にこまかく述べた一連の事実を含んでいる。それらはすべて、人間の場合には本能を解放する生理学的要素は消え、それにかわって生得的傾向を文化的な習性に変える伝統的な訓練が現われるということを示している。これらの文化的メカニズムはすでに具体的に分析した。それは近親相姦と不貞を禁ずるタブーであり、性交本能の文化的解放であり、夫と妻をいっしょにしておく実際的な誘因――つまり結婚のきずなに対する法的認可であり、道徳的理念的な規範であり、親としての傾向を形づくり表現する慣習の命令なのである。これらすべての文化的な決定素は、自然によって動物の行動に課せられた一般的な道すじにきわめて正確に対応している。しかし、こまかく見れば求愛、結婚、親子関係の具体的なかたちは、文化によって異なっており、人間の行動を形づくる力は単なる本能ではなく、人間が伝統によって教育されて身につける習慣なのである。法による社会的制裁、世論の圧力、宗教による心理的制裁、相互性という直接的な誘因等が、本能という自動的な動因にとって代わる。

このように、文化は人間を自然の道すじからそれる方向へは導かない。男は依然として将来の妻に求愛しなければならないし、女は自分が選んだ男に従わなければならない。ふたりは一緒に暮らさなければならないし、子供を受け入れて養育する準備をしなければならない。女は子供を生み、男は彼女といっしょにいて彼女を保護しなければならない。彼らは子供をかわいがり教育しなければならない。そして文化のもとにあっても彼らは自然のもとにある動物と同様に自分達の子供に愛着している。しかし、これらすべてについて、人間の社会では驚くべき多様性が、本能的資質によってひとつの動物種のあらゆる個体に課せられる唯一の定ったタイプにとって代わる。本能の直接的な反応は、伝統的規範にとって代わられる。慣習、法、道徳規範、儀式的宗教的価値が、求愛と親子関係のあらゆる段階に入りこんでくる。しかし、それらの作用の大筋は、常に動物の本能の場合と平行している。動物の性交を規定する反応の連鎖は、人間の文化的態度の漸進的な展開と成熟のプロトタイプをなしている。ここでわれわれは、動物の本能と人間の情操とをさらにくわしく比較しなければならない。

VIII 本能から情操へ

前の章で、我々は動物の家族の構造と人間のそれとを比較する際に特にめだつ点を要約した。一方では明確な生理学的な境界標が消失し、他方では人類における文化のコントロールが増大することによって、人間の反応の複雑さと、一見混乱と無秩序をもたらすだけのように思える多様性があらわれる。しかし、実際にはそうした混乱は起こらない。まず第一に人間の家族では、結婚をめぐるさまざまな情動の調整は一つの方向に単純化されている。人間のきずなの性的側面は結婚という形をとり、親としての側面は生涯にわたる家族の存続という形をとる。両方の場合とも、その情動は配偶者、子供、親といったひとつの明確な対象に集中している。つまり、ある個人が排他的な優位を占めるということが、人間の情動的態度の発達の最初の特質なのである。

実際には、我々は動物界を下等なものから高等なものに昇って行くにつれてこの傾向をはっきりと認めることができる。下等動物ではオスの精液はしばしば広くまき散らされ、卵子の受精は自然の媒介物に任されてしまう。個人的変差、選択、適応は徐々に発達し、最も高等な動物の間で最も十分な発達をとげる。

ところが、人間の場合、この傾向は明確な制度によって別の形に移され、実現される。たとえば、結婚は多くの社会学的要因によって限定される。それらの要因のあるものは多くの女性を結婚の相手から除外するが、他のあるものは適当な相手を指定したり、特定の女性との結合を要求したりする。結婚のある形態では、個人的なきずなは、たとえば幼児期の婚約とか社会的に予定された婚姻のような社会的要素によって完全に決定される。どんな場合でも、求愛、婚姻関係、子供の世話を通して、ふたりは排他的な個人的きずなを少しずつ確立させてゆく。各人がもつ経済的、性的、法的、宗教的性質の関心の多くは、相手のパーソナリティーによって左右される。結婚の法的宗教的認可は、ふたりの間に生涯続き社会的に強制されるきずなを確立する。こうして人間関係においては情動的な適応はそのときの状況によってよりむしろひとつの対象によって支配される。同じ親族関係の範囲内でも情動と動機や関心のタイプは変化する。すなわち、それは求愛の初期には普通一方的なものであり、相互の結びつきがない。その時期に徐々に個人的愛情にまで熟してゆき、結婚後の共同生活によって非常に豊かで複雑なものになり、子供ができると一層そうなる。情動的適応のこうした変容の過程を通じて対象の永続性やそれが個人の生活に根をおろす深さは、次第に増して行く。そのきずなは、そう簡単には断ち得ず、離別に対する抵抗はふつう心理的なものであるとともに社会的なものである。たとえば未開社会においても文明社会においても、離婚や親と子供の不和は個人的な悲劇であるとともに社会的にも不運なできごとである。

しかし、人間の家族のきずなに入りこむ情動が絶えず変化しつつあるにもかかわらず、――それらが環境に依存しているにもかかわらず（たとえば結婚生活の愛は、歓びや恐れ的要素が支配的だった関係を共同生活の関係へ変化させるが、そこでは情動的態度は組織や激情的な傾向だけでなく、愛や悲しみをも伴っている）――それらが常に複雑で、本能だけによって支配されるということは決してないにもかかわらず、しかもそれらは混乱してもいなければ、秩序がないわけでもなく、実際には一定のシステムに組織されているのである。妻に対する夫の、子供に対する親の、またその逆の一般的態度は決して偶然のものではない。それぞれのタイプの関係はある社会学的な目的に役立てるべく多くの情動的態度を処理しなければならず、そのようにしてそれぞれの態度は情動を組織する明確な図式に従って次第に成長してゆく。こういうわけで、たとえば配偶者同士の関係においては、情操は、性的な情熱の目ざめとともに形成され始める。すでに繰返し述べたように、文化の中では、情操はけっして単に本能的契機なのではない。私欲、経済的な魅力、社会的な昇進といったさまざまな要因が男を女にとって、あるいは女を男にとって魅力あるものとするが、これはより発達した文明ばかりでなく、文化の低い段階についてもいえる。一度この関心が芽生えると、情熱的態度は、その社会で一般に行なわれている伝統的で習慣的な求愛の過程を通じて、少しずつつくりあげられてゆく。愛着心がはっきりしてくると、結婚を決意して婚約をし、多少とも社会学的に定義された関係が成立する。この時期を通して夫婦のきずなをつくるための準備がはじまる。結婚による法的きずなは、概して、性的要素が支配的だった関係を共同生活の関係へ変化させるが、そこでは情動的態度は組織し直されなければならない。ここで次のことに注意しておく必要がある。すなわち、求愛から結婚までの変化、それはすべての社会でことわざや冗談の種になっているが、この変化は態度のむずかしい再調整をともなう。人間関係においては性的な要素が除かれたり求愛の記憶が消されたりすることはないが、それらに加えて全く新しい関心と新しい情動が組み入れられなければならない。新しい態度は古いものを基礎に組立てられ、困難な状況での個人的な寛容と忍耐が性への誘惑を犠牲にしてでも形成されなければならない。初期の生活における性的快楽の魅惑と感謝の念は、はっきりした心理学的価値をもち、のちの感情の構成要素となる。我々はここに人間の情操の重要な要素をみる。それは以前の記憶がのちの段階に持ち越されるということだ。我々は、やがて子供に対する母親の、むすこに対する父親の関係を分析し、そこに情動を少しずつ熟させ組織する同じシステムが働いているのを示そう。そこにはいつも肉体関係とともに支配的な情動態度が作用している。夫と妻の間にはお互いに魅力を感じているということや性格の適合性と並んで性的欲望が不可欠である。求婚していた頃の情操や最初に所有しあったときの情熱などの記憶は、夫と妻が彼らの生涯で最良の時期を通じておたがいの存在を楽しむことを可能にするより落ちついた愛情の中に織りこまれなければならない。これらの要素はまた、二人を家庭生活の共同管理者とする共通の、労働と利害にも調和していなければならない。求婚と同棲、その段階と後のさらに全体的な結婚生活、夫婦としての生活と親としての生活、これらそれぞれの間の移行は、様々な困難や危険や不適応に充ちた危機をもたらすことがよく知られている。そしてこれらの移行点こそ態度が再組織の特別な局面を経験する点なのである。この過程にみられるメカニズムは、先天的な動因、人間の情動、社会的要因などの相互作用に、その基礎をおいている。我々が見てきたように、社会組織は経済的・社会的・宗教的理念をもち、それらが男女の性的傾向に刻印を押す。それらは、外婚制・カースト制・精神的訓練などによって、ある種の組合わせを排除する。しかし他方では、それらは、経済的魅力、高い階級、すぐれた社会的地位といった、もっともらしい輝きで、別の組合せを飾りたてる。両親と子供たちの関係においてもまた、伝統はさまざまな態度を命ずるが、その態度は、それが関係する対象に先行することさえある。社会学的メカニズムのはたらきは、わかものの精神が発達してゆくときに作用する場合、特に重要なものである。教育は、特に単純な社会においては、社会的・道徳的・知的な原理をあからさまに教えこむことによってではなく、むしろ成長しつつある精神に対する文化的環境の影響によって行なわれる。こうして子供は具体的な方法によって教えられる回避・優先・服従などの実際の例を通してカースト制度や地位や氏族集団の原理を学ぶのだ。こうして、ある範型が心に刻みつけられ、性的関心が始まる時期までには、禁止や誘導、求婚の適切な方法や望ましい結婚の典型などが彼の心の中に植えつけられている。理想を形づくり少しずつ教えこんでゆく過程は、神秘的な雰囲気によってなされるのではなく、多くのはっきりした具体的影響によってなされるのである。本書ですでに試みたように、ヨーロッパの小作農やメラネシアの未開社会での個人の生活史を追ってゆけば、親の家にいる子供が、両親の叱責や、年上の人々の世論、彼のある種のふるまいに対する彼らの反応によって起こされるはずかしさや不快感などによって教育される様子が分かる。こうして上品と下品とのカテゴリーが、禁じられた親族に対しては回避が、別の親族集団に対しては接近への鼓舞が、母親、父親、母方のおじ、姉妹、兄弟に対する微妙な感情の色合いが形成される。文化的価値のそういったシステムの最後の、そして最も力強い枠組として、われわれは住居・集落・家財という物質的装置に注目しなければならない。メラネシアでは、個々の家族の家、若者宿、夫方居住婚と母系による相続継承などはすべて、一方では村や家屋の構造、地域的区分の性質と関連し、他方では禁令、タブー、道徳の規範、感情のさまざまなニュアンスと関連している。このことから、われわれは、人間は自分の情動的態度を法的、社会的、物質的装置のなかに徐々に表現してゆくこと、逆にそれらもまた、彼の行動と意見の形成を方向づけることによって、彼の行動に作用することがわかる。人間は自分の周囲のものを文化的態度によって形づくり、そうしてつくられた二次的環境が逆に典型的な文化的情操を生み出す。

このことはわれわれを大変重要な点へ導き、人類ではなぜ本能が可塑的になり先天的な反応が態度や情操に移しかえられなければならないのかを明らかにする。

文化は、人間の情動が訓練され、調整され、複雑で可塑的なシステムに組織されうる程度に、直接左右される。文化の究極的な有効性は、それが人間に、機械、武器、運搬手段、天気と気候から身を守る方法等の発達を通して、自分をとり囲む環境を支配する力を与えている点にある。しかしこれらは、それを使うための伝統的な知識や方法が伝えられている場合にのみ使用できる。物質的な品物に対する人間の適応は、それぞれの世代ごとにあらたに学ばなければならない。この学習、つまり知識の伝達は、単なる理性や本能的資質だけで行なえるものではない。世代から世代への知識の伝達には、困難や努力、古い世代が若い世代に感じるはかり知れぬ忍耐や愛が必要である。そして、この一連の情動もまた、生得の資質にはほんの部分的にしか依存していない。というのは、それが支配するすべての文化行為は人為的なもので、種に固有のものではなく、したがって先天的な動因をもつものでもないからだ。言い換えると、社会的伝統の連続性は、人格的情動的関係を必要とするものであるが、その関係を形成するには多くの反応を訓練し発達させて複合的な態度に仕上げなければならない。両親に文化的教育という重荷を課すことができる限度は、人間の従って子供の性質がどの程度文化的、社会的反応を取り入れることができるかによって決まる。こうして文化の側面のひとつは先天的資質の可塑性に直接左右される。

しかし、文化に対して人間の持つ関係は、一個人からもう一人へ伝統を伝えることだけにとどまらない。もっとも単純な文化でさえ、協同作業なしには伝えることができない。すでに見てきたように、一方で文化的教育を、他方では共同作業を可能にするのは家族のきずなを厳密に生物学的な意味での成熟の後までのばすことなのである。むろん、動物の家族にも萌芽的な役割分担があり、それは主に父親が、母親が子供の世話をする時期に食料を用意することにあり、のちには父親と母親が子供を保護し養うことにある。しかし、動物界では環境が提供する食物に適応することも経済的な役割分担の機構も、厳密に決まっている。人間は、文化を通して多種多様な経済的環境に適応できる。そして彼はそれを固定した本能によってではなく、特別な技術や経済組織を発達させたり、自分自身を食事の特別な形態に適応させたりする能力によって行なう。この単なる技術的側面と平行して、そこには適切な役割分担と適当なタイプの共同作業がなければならない。これは明らかに、さまざまな環境条件のもとにおけるさまざまな情動的適応を必要とする。夫と妻の経済上の義務はちがう。こうして、極寒の地方では、食料を供給するという主要な負担は男にかかり、より原始的な農業を営んでいる人々のあいだでは、家庭に食料を供給することについては女の方が大きな役割をもっている。経済上の役割の分担とともに、それに関連し、経済上の仕事をすすめるのに適した宗教上、法上、道徳上の分担がある。社会的名声という魅力、実際の協力者としての配偶者の価値、道徳的宗教的な理念、これらすべてが夫婦関係にかなりの影響をおよぼしている。家族を現実の共同作業のさまざまな状態に適応させ、他方この共同作業の在り方を文化の物質的遺産や自然環境に適応させるのは、夫婦関係や親子関係を調節する可能性とその多様性なのである。これらの相互依存と相互関係の実態をどの程度解明できるかは、今のわれわれの議論にはあまり関係がない。私は、ここで、可塑的な社会的きずなと情動を調節できるシステムだけが、第二の環境を発達させ困難な外的状況に自分自身を適応させる能力をもっている人間という動物のなかで機能できるということを強調しておきたい。これらすべてから、人間の家族関係の基礎は本能的なものであるにもかかわらず、それが経験と教育によって形づくられれば形づくられるほど、そのきずなが文化的伝統的要素を受け入れることができればできるほど、さまざまで複雑な役割の分担により適したものになる、ということがわかる。

家族についてここで述べてきたことは、他の社会的きずなについても明らかにあてはまる。しかし、これらについては、家族のきずなの場合とは異なり、本能的要素はほとんど無視できる。婚姻と家族の理論上の重要性は、人間に対してこれらの制度がもつ実際上の重要性と対応している。家族は、生物学上の結合力と社会的結合力とのつなぎ目であるばかりでなく、より広い社会関係の基礎となっている原型なのだ。社会学者と人類学者が文化的条件のもとでの情操の形成や、社会組織と情操の相互関係に関する理論的研究をすすめればすすめるほど、われわれは未開社会の正しい理解に近づけるだろう。ついでに言えば、わたしは、未開人の家族生活、求婚の習慣、氏族組織についての徹底的な記述によって、社会学から「集団本能」、「種の意識」、「集団心性」その他これに類する社会学上の万能薬的術語をとり除くことができると思う。

現代の心理学に通じている人には、未開社会の理論を研究するときに、われわれは人間の情動に関するひとつの重要な理論を再構成しなければならないことがはっきりしてきたに違いない。その理論は疑いもなく現代のもっとも偉大な心理学者の地位を受けるに足る人が発展させたものである。シャンド氏は、人間の感情を分類し、情動生活の法則を構成するに際しては、人間の情動が虚空をただよっているものではなく、様々な対象のまわりに集合しているものだということに気づいて初めて確実な結果に達することができる、ということを指摘した最初の人である。これらの対象をめぐって人間の情動は一定のシステムに組織されている。さらにシャンドは、性格の基礎に関する彼の本のなかで、情動組織を統合して情操につくり上げる多くの法則をうち立てている。彼は、人間の性格という精神的な問題は、情動組織の研究によってのみ解くことができるということを示した。今のわれわれの議論でシャンド氏の情操理論を社会学上の問題に応用することは可能だったし、動物的反応から文化的反応への変化についての正しい分析が彼の見解を十分立証することを示すのも可能だった。人間の愛着心を動物の本能から区別している特にめだつ点は、対象の方が状況よりも優位をしめているということ、そうした態度の組織が調節可能な永続的なシステムに結晶化しているということなどである。われわれがシャンドの理論につけ加えたことは、情操の形成が、社会組織や人間による物質文化の使用といかに関連しているかの解明だけだ。

シャンドが人間の情操に関する研究で明らかにしたひとつの重要な点は、情操を構成する主だった情動が、それぞれ互いに独立しているのではなく、互いに排除や抑圧の傾向を示すということだ。つぎの分析で、われわれは、一方で母親と子供の、他方で父親と子供の典型的な関係をさらにくわしく調べなければなるまい。このことはまた、情操が発達するに従って様々な要素が次々に消失して行く漸進的な排除と抑圧の過程を明らかにするのにも役立つことだろう。

さらにここで、シャンドの情操理論が実は精神分析と密接な関係をもっているということをつけ加えておきたい。両者とも、個人の生活史における具体的な情動的過程をあつかっている。また両者とも、われわれが満足な結果に行きつけるのは、人間の感情の具体的な構成を研究することによってだけだ、ということをそれぞれ独立に認めてきた。精神分析の創始者たちがシャンドの貢献を知っていたなら、彼らは多くの形而上学的な落とし穴を避け、本能は人間の情操の一部であって形而上学的実体ではないということを認識し、無意識についてのこれほどに神秘主義的でない、より具体的な心理学を与えてくれただろう。一方フロイトは情操理論を二つの主要な点で補った。彼は、家庭が情操形成の場だ、と言明した最初の人だ。彼はまた情操形成において排除と消去の過程が最大の重要性をもち、この過程のなかでは抑圧のメカニズムが著しい危険の源となる、ということを示した。抑圧の力は、精神分析学者たちによって不可解な内精神の検閲官の役を割り当てられたが、いまの分析によってさらに明確で具体的な背景のもとにすえることができる。抑圧の力は精神の力そのものなのだ。それは、あらゆる情操が社会的行動において役立つために必要とする一貫性の原理からきているのだ。憎しみとか怒りといった否定的な情動は、権威への服従や、文化的指導に対する尊敬や信頼とは相いれないものなのだ。また官能的な要素は、母親と息子の関係が家庭内の自然な役割分担と調和を保つためには、その関係から排除されなければならない。われわれは次の章でこれらの問題にすすむ。

Ⅸ　母子関係と近親相姦への誘惑

近親相姦禁制の「起源」という問題は、人類学でもっとも議論され、人類学者を悩ましてきた問題である。それには、外婚制や婚姻の原初的な形態の問題、乱婚の仮説などが関連している。外婚制が近親相姦の禁制と相互関係をもっていること、それはこのタブーの単なる拡張にすぎず、それはちょうど類別的親族名称[訳注27]をもった氏族制度が家族とその親族名称の方法のただの拡張にすぎないのと全く同じである、ということには少しの疑いもない。我々は、この点についてはウェスターマークやローウィーといった人類学者たちに同意できるので、ここで改めて深入りすることは避けたい[原注1]。

問題をはっきりさせるために、次の事を心にとめておくのがいいだろう。すなわち、生物学者たちは、近親相姦によってその種にもたらされた有害な結果は何もないということに同意している[原注2]。

近親相姦が自然状態で規則的に起こった場合、それは有害かどうかというのは、実際的な意味のない問題だ。自然の状態では、若いオスは成長すると、親の集団を離れ、発情期の間に出会うメスと行き当りばったりに交わる。近親相姦は、せいぜいたまに起こるにすぎない。それ故、動物の近親相姦の場合、生物学上の害も、無論モラル上の害も全然ない。更に、動物の場合に近親相姦に対する何か特別な誘惑があるのだ、などと考える理由もない。

さて、動物の場合、生物学上の危険も誘惑もなく、その結果近親相姦を妨げるような本能も全然ないが、人間の場合、逆にあらゆる社会において最も強い障害と、最も基本的な禁制は近親相姦に対するものである。われわれは、このことを原初の立法行為に関する仮説や、同じ家族の成員と性交することへの特別な嫌悪感があるという仮定によってではなく、文化のもとで現われた二つの現象の結果として説明しよう。

まず最初に、人間の家族を構成するメカニズムのもとでは近親相姦への危険な誘惑が起こる。次にこの性的誘惑と並んで、近親相姦傾向の存在に由来する人間の家族に特有の危険が生じる。したがって、第一の点について、われわれはフロイトに同意するが、同じ家族のメンバーが性交することに対する先天的な嫌悪の存在を仮定するウェスターマークのよく知られた理論には同意しない。しかし、文化のもとにおける近親相姦への誘惑を仮定するにしても、われわれは、母親への子供の愛着を本質的に性的なものとみなす精神分析理論はとらない。これは、おそらく、フロイトが性理論に対する彼の三つの著作の中で立証しようとした主要命題である。彼は、赤ん坊とその母親との関係、特に授乳の場合の関係は本質的に性的だということを証明しようとした。言い換えれば、母親に対する男の最初の性的愛着は、普通近親相姦的な愛着だということになる。精神分析の用語を使えば、「リビドーのこの固着」は生涯のこり、絶えざる近親相姦への誘惑の源泉となる。この誘惑は常に抑圧されねばならず、それ故エディプス・コンプレックスの二つの構成要素の一つを形成する。

この理論を受け入れるのは不可能だ。赤ん坊とその母親の関係は、性的態度とは本質的に違うものである。本能は、単に内省的な方法、つまり、苦痛とか快感といった感情の色あいを分析することによってではなく、何よりもまず、機能を分析することによってその意味を定義しなければならない。本能は、一定の生得的メカニズムであり、それによって個体は、特定の有機的な欲求を満たすために一定の様式をとって、与えられた状況に反応する。母親に対する乳児の関係は、何よりもまず栄養をとることへの欲求によって導かれる。子供は母親の身体にしがみつくことによって、暖かさ、保護、導きへの肉体的願望を満足させる。子供は自分ひとりの力で周囲の状況に対処することはできず、それができるのは母体という媒体をとおしてだけなので、子供は母親に本能的にまつわりつくのだ。これに対して、性的関係における肉体的な魅力や、体を寄せ合うことの目的は、受胎をもたらす結合、つまり、性交なのだ。これらの二つの生得的な傾向のそれぞれ――母親と子供の行動と求愛の過程——は、予備的行為と達成の行為の広い範囲においてある種の類似性を示している。しかし、境界線は明らかだ。なぜなら、一方の行為、傾向、感情は、成熟していない子供の個体を補い、成長させ、守り、暖めるのに役立ち、もう一方の行為は、生殖器官の結合と新しい個体の誕生に役立つものだからだ。

したがって、我々は近親相姦への誘惑は、子供と母親の性的関係に由来する、という単純な解決を受け入れることはできない。これら両方の関係に共通している感覚的な快感は、成功した本能的行動には常に伴うものである。快感の指標は、全ての本能に共通してある特質だから、本能を分類するのには役立たない。われわれは、これら二つの情動態度に対して、違った本能を想定しなければならないが、この両方に共通した要素がないわけではない。つまり、この両者は、全ての本能の一般的な快感の色あいを与えられているだけでなく、身体の接触から得られる感覚的な快感を共有しているのである。子供がその母親の肉体に対して感じる衝動は、できる限り、皮膚を接触させるように、母親のからだにすがりつき続けることによって、特に唇を母親の乳首に接触させるということによって充たされる。性的衝動の予備的な行動と、子供の衝動を実現する行為とには、いちじるしい類似がある。それ故、この二つは、その機能及びそれぞれを完了させる行為の本質的な違いによって区別されなければならない。

この部分的な類似の結果生じる事態はどのようなものだろうか。われわれは精神分析から一つの原則を借りてくることができる。それは、後の生活における経験はたいてい子供の頃の似たような記憶を呼びさますものであるという原則で、これは今や、少しずつ心理学の領域でも受け入れられてきている。さらに、われわれは、人間生活における情操態度には情動の組織化ということが必然的に伴うことを、シャンドの情操理論によって知っている。われわれは、ここで情動の記憶の持続性と、継起する幾つかの態度がそれ以前の態度の基礎の上に築かれるという点に、社会学的きずなの主な原理がある、ということもつけ加えておくべきであろう。

このことを恋人同士の性的態度の形成にあてはめてみると、性関係におけるからだの接触は、母親とむすこの関係を遡及的に混乱させるような効果を及ぼすことが想定される。恋人たちの愛撫は、幼児と母の場合と同じ媒体——つまり皮膚と、同じ状況——つまり抱擁あるいは最大限の個人的接近とを利用するだけでなく、同じタイプの感覚的な興奮をも伴う。こういうわけで、この新しいタイプの衝動が入り込むと、それは以前の似たような経験の記憶を呼び起こすに違いない。しかも、これらの記憶は個人の情動的関心の核となっていた特定の対象と関連している。この対象は、母親という個人だ。この個人をめぐる記憶に、新しくはじまった官能的生活が調和をかき乱すような要素をもち込む。しかも、その要素は、発育期の少年の中で初期幼児期の感情的な愛着をすでに完全に抑圧してしまっている尊敬、服従、文化的依存の態度とは全く両立しない。新しいタイプの性愛的官能性と性的態度とが、幼時の記憶と混ざり合い、母親のまわりに組織されている情動のシステムを破壊してしまいそうになる。今や危機にさらされているこのシステムは、文化的教育を遂行するための必要から、次第に官能的でなくなり、同時に、精神的道徳的依存や、実際的な事柄への関心や、また家庭の中心としての母親に関連した社会的情操などによる色どりを濃くしてきている。この時期における少年とその母親の関係が、いかにあいまいになり、情操の再組織が必要とされるかについては、すでに論じた。まさにこの時期に、一方では個人の心に強い反抗心がおこり、他方では母親に対して感じられるあらゆる官能性が抑圧され、近親相姦という潜在意識の誘惑が昔の記憶と新しい経験との混同から現れるのである。

この説明と精神分析の説明との違いは、フロイトが母親に対する態度は幼児期以来変らないと仮定した点にある。これに対して、われわれが示そうとしているのは、最初の衝動と、後の衝動の間には部分的な同一性しかなく、しかも、この同一性は本質的には情操形成のメカニズムの同一性でしかないこと、こう考えることによって動物に誘惑がない事実を説明できること、そして、人間の新しい情操のもつ遡及的な力が近親相姦への誘惑の原因であること、などである。

ここでわれわれは、この誘惑が動物には無害なのに人間にとってはなぜ極めて危険なのかを問わねばなるまい。われわれは、人間の場合、情動が組織された情操へと発達することが、社会的きずなと文化の進歩の真の本質であることをみてきた。シャンド氏が説得力のある証明をしたように、こうしたシステムは一定の法則に従っている。それらは調和していなければならない。つまり、情動は互いに一貫し、共同作用ができ、相互の融合を持続させることができるよう組織されていなければならない。さて、家族内における母親と子供の間の情操は、二人を深い生得的な関心で結びつける初期の感覚的な愛着からはじまる。しかし、後になるとこの態度は変化しなければならない。母親の役割は、教育し文化的影響力と家庭内の権威を行使することへと移行する。むすこは、成長するにつれ、これに対して服従と尊敬の態度でこたえなければならない。子供時代を通して、つまり、離乳と成人の間の、心理学的には極めて長い期間を通して、強い愛着心だけでなく尊敬、依存、敬意の情操が、母親に対する少年の関係に主要な色あいを与えねばならない。その時期にはまた、離脱、つまり全ての身体的接触を断ち切る過程が進み完成されなければならない。この時期の家庭は、本質的に文化的な作業の場であって、生物学的な作業の場ではない。今や、両親は子供が文化的に成熟し独立できるよう訓練している。言い換えれば、彼らの生物学上の役割はすでに終っているのである。

さて、そうした状況の中に、近親相姦への傾向が破壊的要素として入り込んでくる。子供が、官能的なあるいは性愛的な誘惑によって、母親に接近するなら、それまでにたいへんたんねんに組立てられていた関係は破壊されてしまうだろう。彼女との性交は、あらゆる性交の場合がそうであるように、求愛、つまり服従、独立、尊敬の態度とは全く相入れないタイプの行動を前提としなければならないだろう。その上、母親は一人ではない。彼女はある男と結婚している。官能的誘惑は、母親とむすこの関係を完全にそこなうだけでなく、間接的にはむすこと父親の関係までもそこなうだろう。攻撃的で敵意に充ちた抗争が指導者に対する完全な依存と全くの従順という調和のとれた関係にとってかわるだろう。このようなわけで、もし、われわれが、近親相姦は普遍的な誘惑であるとする精神分析家たちに同意するとしても、その危険性は単に心理学的なものではないし、フロイトの太古の犯罪のような仮説で説明できるものでもない。近親相姦は禁止されなければならない。なぜなら、もし家族と文化の形成における家族の役割とについてのわれわれの分析が正しければ、近親相姦は文化の基盤の確立と両立しない。また、慣習や道徳や法が近親相姦を許すような文明においては、家族は存続できなかったに相違ない。そのような文明においては、成人したとき、われわれは家庭の解体、そこからくる完全な社会的混乱、文化的伝統を保持することの不可能性等を目撃することになるだろう。近親相姦が意味することは、年齢の区別の混同、世代の混乱、情操の解体、家庭が最も重要な教育の場である時期に各人の役割が激変すること、などだろう。そのような状態ではどんな社会も存在しえない。近親相姦を排除する文化だけが、社会組織や文化の存在と矛盾しないのである。

われわれの説明は、近親相姦の禁制を原初的な法とみなすアトキンソンとラングの見解と本質的には一致しているが、われわれには彼らの仮説を受け入れる事はできない。われわれはまた、フロイトの見解とも、彼が近親相姦を子供の生得的行動のせいにしていることを受け入れられないことによって、違っている。われわれは、ウェスターマークとは近親相姦への嫌悪が自然な衝動として、つまり幼児の頃から同じ家に住んだ人と交わらないという単純な傾向としてでなく、むしろ文化的な作用の複雑なしくみの結果であると思えるという点に関して違っている。われわれは、近親相姦のタブーの必要性を、社会組織や文化に対応しなければならない本能的資質の変化から導き出す事ができた。近親相姦は人間の行動の正常な様式とはなり得ない。なぜなら、それは家族生活と相入れず、その基礎そのものを解体してしまうだろうから。あらゆる社会的きずなの原型である母親と父親に対する子供の正常な関係は破壊されてしまうだろう。これらの情操の構成からは性本能は排除されなければならない。この本能は最もコントロールしにくく、他のものと最も両立しにくい。このようなわけで、近親相姦への誘惑は文化によって、つまり組織された永続的態度を確立する必要性によってもたらされた。だからそれは、ある意味で、人間の原罪なのである。すべての人間社会において、この原罪は、最も重要で普遍的な規則を定めることによって償わなければならない。そのようにしてもなお、精神分析が明らかにしたように、近親相姦のタブーは人に生涯つきまとう。

原注1　ウェスターマーク著『人類婚姻史』及びローウィー著『原始社会』参照。幾つかの補足的な論点は近刊予定の「親族組織」に関する拙著で付け加える予定である。＊実現しなかった（訳者注）。

2　近親交配の生物学的な問題点に関しては、ピット・リヴァーズ著『民族の接触と文化の衝突』、一九二七年参照。

X　権威と抑圧

前章で、われわれは主に母親とむすこの関係をみてきたが、ここでは父親とむすこの関係を論じてゆこう。この議論ではむすめはさほど注意をひかない。IX章で論じたことからわかるように、父親とむすめの近親相姦はあまり重要でないし、母親とむすめのあいだにある葛藤もそれほどいちじるしいものではない。いずれにせよ母親とむすこについて述べたことは、ほとんど修正なしに、それほどはっきりしたしかたでないが、両親とむすめとの関係にもあてはまる。そういうわけで、フロイト流のエディプス悲劇の配役は、むすこを父母双方との関係で登場させている点で、人類学的にもまったく正しい。フロイトは、エレクトラをエディプスと並置することさえ拒否したが、われわれはこの主張を承認しなければならない。

以前、父親とむすこの関係を論じた際に、われわれはこの関係の本能的基礎をはっきりと確認した。人間の家族は、動物の家族とまったく同じく男を必要としており、この生物学上の必要性は、あらゆる人間社会において、男に守護者、保護者、家庭の管理者であることを要求する嫡出の原理のなかに表現されている。

家族内の権威の源をさぐろうとして動物の父親の役割について考えるのはむだなことだろう。彼が暴君になることはなさそうに思える、なぜなら、彼が子供に不可欠である間は彼は生得的なやさしさと寛容さを保っていると考えられるから。彼が子供にとって不用になれば、子供は彼から離れる。

しかし、文化的な諸条件のもとでは、父親の権威は欠くことのできないものだ。なぜなら、のちの段階で文化的訓練のために両親と子供がいっしょにいなければならないとき、他の組織の場合同様、家庭内の秩序を保つなんらかの権威が必要となるからである。こうした集団は、生物学上の必要性でなく文化的な必要性に基づいていて、完全な本能的調整を欠き、軋轢や困難をかかえているので、ある種の力による法的制裁を必要とする。

しかし、父親か別な男がのちの段階で権威を与えられるようになるにしても、彼の初期における役割はまったくちがう。動物の家族の最初の段階のように――そこではオスは、妊娠し授乳するメスを守るためにいるのだが――人間の家族の最初の段階においても父親は権威者というよりも、むしろ守護者、保育者なのだ。彼が妊娠のタブーを妻と分かち、彼女の幸福をみまもり、妻の妊娠期間中さまざまな制約を受け赤ん坊の世話をするときにも、彼の肉体的力、道徳的権威、宗教上の特権、法的な権力などはまったく作用していない。この段階で必要なのは特権ではなく、義務であるとみなされている。この時期の個人的な役割のなかで、男はしばしば女の役割を果さなければならないし――それもしばしばいくぶん屈辱的なしかたで――特定の仕事で彼女の手伝いをしなければならない。しかし同時に、彼はしばしば、妻が人生の重大事にたずさわっているあいだ、のけ者にされ、ばかにし侮辱するような態度にさらされている――ときには社会全体によってそういうふうにみなされることさえある。こうしたことすべてに際して、われわれがくりかえし強調してきたように、父親はおとなしく自発的なしかたでふるまう。彼はふつう自分の義務を果すことを幸せに感じ、妻の幸福に関心をもち、赤ん坊がいることをたいへん喜んでいる。

文化によって男に課せられる一連の慣習、観念、社会的パターンの全体は、家族にとっての彼の価値やそのときにおける種にとっての彼の有用性と、あきらかに相関関係がある。父親はやさしい、親切な、熱心な人物としてふるまうようにされ、妻の身体のはたらきに従属させられる。なぜなら、この段階では彼の保護、愛、やさしい感情が、彼を妻と子供の有能な守護者にするからである。ここでもまた人類の文化的行動の目的は、動物の生得的資質のそれと同じになっている。つまり、その目的は、妊娠した配偶者と彼女の子供に対するオスの保護者としての愛情を形づくることである。しかし、文化のもとでは、その保護者の態度はずっと長くつづかねばならない――子供が生物学的に成熟したあとまで――。そこでふたたび、さらにやっかいな重荷が、感情的なやさしさという最初の部分のうえに重ねられる。そして、ここに、動物の家族と人間のそれとの本質的なちがいがある。というのは、動物の家族は親の保護に対する生物学上の必要性がなくなると解消するのに対し、人間の家族は持続しなければならないから。そのときから、文化のもとにある家族は教育の過程をはじめなければならず、そこでは親のやさしさ、愛、保護だけではもはや十分でなくなる。文化的訓練は、単に生得的な能力を少しずつ発達させるだけではない。技術や知識を教えこむほかに、この訓練は情操態度を形づくること、法と慣習を教え、道徳性を発達させることもふくんでいる。これらすべては、われわれが子供と母親の関係のなかにすでにみてきたひとつの要素、つまりタブー、抑圧、否定的命令の要素を必要とする。教育の最後の段階は、複雑で人工的な習慣的反応を形成し情動を情操に組織するということにある。

この形成作業は世論や道徳感情のさまざまな表われをとおして、あるいはまた、育ちつつある子供に加えられる道徳的圧力の絶えざる影響力によって行なわれる。とりわけ、部族生活を構成する物質的要素のもつ意義は大きい。子供はそれらに取り囲まれて次第に成長し、その間に子供の衝動は様々な情操に形づくられる。しかし、この過程には有力な個人的権威の後ろ盾が必要で、ここで子供は社会生活における男性的側面と女性的側面を区別するようになる。彼の世話をする女は、より近くよりうちとけた影響力、家庭でのやさしさ、助け、休息、子供がいつでもたよることのできるなぐさめなどを代表している。これに対して男性的側面は、次第に力、へだたり、野心の追求、権威といったものの原理となってゆく。この区別は、父親と母親が似たような役割を果す初期幼児期が終ったあとから発達する。のちになると、母親は父親といっしょになって子供を訓練し教育しなければならないが、それでも彼女のやさしさはそのままだ。一方父親は、ほとんどの場合、家庭内に少なくとも最小限の権威をもたらさなければならない。

しかしある年齢になると、男の子は家庭から離されて世の中へ送り出される時がくる。成人式のある社会では、これは手のこんだ特別な制度によってなされるが、そのなかで法と道徳のあたらしい秩序が新来者に説明され、権威の存在が示され、部族の置かれている状況が教えられるが、それらはしばしば苦行や試練によってからだにたたき込まれる。社会学上の見地からすると、成人式は、少年を家庭という避難所から引き離し、彼を部族の権威に従わせることにある。成人式のない文化では、その過程はゆるやかで散慢だが、それが全くないということはない。少年は、家を離れたり家庭の影響から自分を解放することを少しずつ認められ助長されるようになり、部族の伝統を教えられ、男の権威に従うようになる。

しかし、男の権威が父親の権威であるとはかぎらない。この本の最初の部分で、父親の権威に対する少年の服従がいかにはたらき、またその服従の意味はなにかということを示しておいた。それをここで、いまのわれわれの議論の用語で再構成してみよう。権威が母方のおじの手にある社会では、父親はずっと家庭内におけるむすこの協力者でい、友だちでいることができる。むすこに対する父親の情操は単純に直線的に発達する。初期の幼児の態度は、少しずつ連続的に少年時代や成年期の関心とともに育ってゆく、父親はのちの生活でも、うまれた頃のそれとあまり変わらぬ役割を果たす。部族の野心、抑圧的要素、強制手段などはもう一つの情操とかかわっている。それは母方のおじという人に集中し、まったくちがった線にそって形成される。情操形成を心理学からみると、——ここでシャンドの説明にふれなければならない——単純で内的な調和を保っているこうした二つの情操の成長は、父権のもとで父親との関係をつくりあげるよりもはるかに容易なことはあきらかだ。

父権制のもとでは、父親としての役割は情操を形成する際に困難をもたらす二つの要素と関連している。出自を認知する方法が、父親の権威のはっきりした形態と関連しているところでは、父親は力と権威による最終審判者の地位をとらなければならない。彼は、やさしい保護者的な友だちの役割を少しずつ放棄し、厳格な審判者きびしい法の執行者の立場をとらねばならなくなる。この変化は、父親に対する情操の中に、母親に対する情操内にある感覚的欲望と尊敬の態度と同じくらい互いに対立する態度を組み込むことを意味している。この点をさらに議論して、信頼と抑圧的な力、やさしさと権威、友情と規則を両立させるのがいかにむずかしいかを示す必要は、たぶんない。というのは、これらすべてのことについて、われわれはこの本の前半の部分で十分に考察したのだから。そこではまた、われわれはべつな側面についても述べた。父系による出自の認知は、明確な父親の権威を伴っていないところでさえ、父権とつねに関連している。というのは父親はつねにむすこにその地位を奪われ、とってかわられるものだから。たとえ彼の権力が制限されていようとも、彼はやはり古い世代の頭であり、法、部族の義務、抑圧的なタブーを代表している。彼は強制、道徳、個人を制約する社会的力を代表している。ここでもまた、子供の願望や気分にすばやく反応するやさしい配慮に基礎をおく関係を抑圧という態度につくりかえるのは容易なことではない。われわれはこのことすべてを知っている。

ここで重要なのは、この知識をわれわれのいまの議論の中に位置づけることである。人間の家族の発達のなかで、子供に対する父親の関係は、子供が成長して群を離れることによって終わる生得的な反応に基づくのではなく、ある情操にまで発達させなければならない。その情操の基礎は、生物学的に条件づけられた父親の愛情のこもった反応なのであるが、こうした基礎のうえに、きびしく、厳格で、強制的な抑圧の関係が形成されなければならない。父親は強制し、抑圧的権力の源を代表しなければならず、家族内の立法者、部族の規律の執行人になる。父権制は彼を子供のやさしく愛情のある守護者から、力強くそしてしばしば恐ろしい独裁者に変えてしまう。こうした相反する情動を同時に含むような情操を築くのは、むずかしいことにちがいない。しかも、人間の文化にとって欠くことのできないものは、まさに諸要素のかくも矛盾した組合わせなのである。初期の段階では父親は、家族にとって生物学的に不可欠な存在であり、彼の役割は子供を守るということである。この段階では、家族に対する父親の関心と愛着を支えているのは、生得的な愛情である。しかしここでも文化は、彼に家族内における最年長の男としての全くちがったタイプの役割を課するうえで、この情動態度を利用しなければならない。というのは、子供が、特にむすこが成長するにつれ、教育、家族の団結、共同作業などが個人的権威の存在——それは家庭内の秩序を維持し、外部の部族法に適合させるものだが——を必要とするからである。父親の立場のむずかしさは、多くの精神分析の著述のなかで言われているように、単なる男の嫉妬、年上の男の不機嫌、性的ねたみなどから来るものではない。それは二重の役割を果さなければならない人間の家族の深く本質的な性格なのだ。人間の家族は種を存続させるとともに、文化の連続性を保証しなければならない。父親の情操がもたされる保護者的側面と強制的側面とは、人間の家族におけるこうした二重の機能の必然的な相関物なのである。エディプス・コンプレックスの本質をなす態度、つまりむすこと父親のあいだの愛情と嫌悪を含んだアンビヴァレントな態度は、家族が自然状態から文化状態へと発達してゆく移行過程に直接根ざしている。こうしたことを説明するのに、特にこのための仮説は必要ない。われわれは、それらが人間の家族の構造そのものから現われ出るのをみることができる。

父親との関係をとり囲む危険を避けるただひとつの方法がある。それは父親との関係を構成する二つの典型的な要素を、二人のちがった人々に結びつけることである。それが、われわれが母権制のもとに見出す構造である。

XI　父権と母権

われわれはいま、父系出自と母系出自、あるいはやや不正確ではあるがよく知られていることばを用いれば、父権と母権というやっかいな問題にとりかかろうとしている。ここで、「母権」と「父権」という表現は、権威や権力の存在を意味するものではなく、母系や父系というのと同じ意味でただそれよりエレガントだというだけの理由で用いるのだということを確認しておきたい。これら二つの原理に関してしばしば問われる質問は、それらのどちらがより「未開」か、それぞれの「起源」はなにか、母系的「段階」、父系的「段階」といえるものがあったのか——等々だ。母系に関するほとんどの理論は、この制度を、初期における乱婚の存在、従って父親がたしかでないので女性をとおして出自を認知する必要があったという想定と関連させようとした。[原注1] 父親はいつも不確かであるという命題が、未開人の道徳、親族、母権についての多くの著書をうずめつくしている。しばしばあるように、たいていの理論や仮説に対してなされるべき批判は、概念の定義と、問題の定式化からはじめなければならない。ほとんどの理論は父権と母権とを相互に排除し合うものとみなしている。またほとんどの仮説はこれら二者のうちひとつを文化の起源に、もうひとつを文化ののちの段階においている。たとえば、未開社会に関する偉大な人類学的権威者の一人であるS・ハートランド氏は、「母親を社会における唯一の基礎として」語り（前掲書二頁）、母権制のもとでは「出自、したがって親族関係はもっぱら母親をとおしてのみたどられる」ことを断言している。この考え方は、この著名な人類学者のあらゆる研究に一貫してみられる。そこでは母権制は自己充足的な社会システムで、組織のあらゆる側面をつつみこみ、コントロールするものとみなされている。彼が自分に課したしごとは、「人間の親族関係をたどる、確かめうる最初の体系的な方法は、女性だけを通してたどるものであり、父系によるのはのちの発展である」（一〇頁）ことを立証することだ。しかし、たいへん注目すべきことにはまさに母系出自が父系出自に先行していることを証明しようとしているハートランド氏自身の著書のいたるところでわれわれは、母権と父権はつねにまざりあっている、という主張に出くわすのである。事実自説の要約のなかで、ハートランド氏はつぎのように言っている――「家父長制と父系親族組織は、世界中の母権制に対するたえまない侵略をおこなった。その結果、母系制度は、父親が親族と支配の中心である社会の状態へ移行してゆくほとんどすべての段階にみられる（五四頁)。実際のところは、つぎのように言うのが正しいのだろう。世界中どこにでも父親が権威をもつ制度と母系親族組織が並存していて、出自をたどる二つの様式は複雑にからみ合っていると。

ここで疑問が生じる。出自の認知に関して「起源」と「それにつづく諸段階」についての仮説をつくりあげ、人類がもっとも低い社会のタイプからもっとも高いものまでの間の過渡期に生活していると主張しなければならない必要性が本当にあるのかどうか。経験的な結論は、むしろ母子関係と父子関係とが相関関係をもっていないようなことはけっしてないということのようである。事実が示唆するところに従えば研究の論理的な筋道としては、なによりもまず、父系による認知とまったく無関係な母系制などがあるかどうか、また出自を認知する二つのタイプはたがいに対立するというよりむしろ補足的なものではないのかどうか、を問うべきだろう。E・B・タイラーとW・H・R・リヴァーズはすでにこのアプローチの仕方を知っており、たとえばリヴァーズは母権制と父権制を、認知の三つの独立した原理、つまり出自、遺産相続、継承にわけて考えている。しかし、この問題に関する最良の扱いについては、われわれはローウィー博士に負っている。彼はこの問題に秩序を与え、また双系親族[訳注28]と単系親族[訳注29]というたいへん有効な用語を導入した。家族組織は双系原理のうえにたっている。氏族組織は単系の親族関係認知と結びついている。ローウィーは、家族は普遍的な結合単位であり、系譜は普遍的に双方に同じようにたどられるので、純粋な母系社会や父系社会について語ることほど不合理なことはないということを、たいへんはっきりと示している。この点については議論の余地はない。ローウィーの氏族理論もまた同様に重要である。彼は、ある点で親族の一方が強調される社会では、氏族組織ないし半族組織[訳注30]のいずれかと対応した拡大された親類集団が現れることを示した[原注2]。ローウィーの議論を補い、ある種の人間関係をたどる際に単系に重要性がおかれるのはなぜか、どんな面でそれが行なわれるのか、単系の親族関係認知のメカニズムはどんなものかを説明することは有用なやり方だろう。

われわれは、父親と母親が子供にとってきわめて本質的な存在であるようなあらゆることがらにおいて、親族関係は双方にたどられなければならない、ということをみてきた。家族制度自体は、つねに両親をふくみ、子供を二重のきずなで結んでいるので、双系親族関係認知の出発点になっている。しばらくのあいだ、原住民の生活の社会学的事実と、原住民によってもちこまれた親族関係認知の原則とを区別すれば、個人の人生の最初の段階では親族関係は両方にたどられていることがわかる。しかしそこでさえ、両親ともに関係があるとはいえ彼らの役割は同一でも対称的でもない。成長するにつれ、子供と両親の関係は変化し、はっきりした社会学的な親族関係認知を不可欠なものにする――言い換えると、社会にそれ独自の親族組織の原理を組立てるよう命ずる諸状況が生じる。教育の後期の段階の内容は、われわれがみてきたように、物質的財及びそれにともなう伝統的な知識と技能を伝えることである。それらはまた社会的態度、義務と特権を教えることでもあり、これらは地位や身分の継承と関連している。物質的財、道徳的価値観、個人的な特権を伝えることには二つの側面がある。すなわちそれは、子供のために教育し、努力し、忍耐強くはたらかなければならない親にとって負担であり、さらに両親にとって自分たちの貴重品、財産、独占的な権利を譲り渡すことでもある。こうして、両方の理由のために、世代から世代へと文化を伝えることは、強力な情動的基礎に基づいていなければ不可能である。これは、愛着という強い情操で結ばれた個人のあいだで行なわれねばならない。社会はそうした情操を形成する際、たよるべきただひとつの源として、親としての傾向という生物学的資質しかもたない。こういうわけなので、こうした側面における文化の継承は、子供に対する親の生物学的な関係といつも関連しており、それはいつも家庭内で行なわれる。しかし、これだけでは十分でない。そこにはなお、父系による継承、母系による継承、あるいは両方の系譜による継承などの可能性がある。この最後のものはもっとも不満足なものであることを示すことができる。それは、それ自体ですでに危険やもんちゃくの種や心理学的な危険性などにとりまかれている継承の過程にさらにあいまいさと混乱をもちこむだろう。この場合個人は、二つの集団に属するという可能性をいつももっており、いつも二カ所から財産を要求でき、二つのとるべき道と二重の地位をもっている。それと対応して、男はいつでも自分の立場と社会的所属を二人の後継者の一人に譲り渡すことができる。このタイプの社会は、争い、困難、ごたごたのたえまない原因を生み出し、一見して明らかなように、それは耐えがたい状態をつくりだすだろう。事実、われわれの結論、つまり出自、継承、遺産相続の方法が決められていない社会などないという結論は確証された。個人が母系の系譜でも父系でも選択できるポリネシアのような共同社会においてさえ、彼は生涯の早い時期に選択しなければならない。このように、単系親族組織は偶然な原理ではない。これは、父子関係に関する考え方とか、未開人の心理や社会組織のあれこれの面に由来するものとして「説明」できるものではない。それは、財産、地位、社会的特権の継承という問題を処理するための唯一の可能な方法なのである。しかし、あとからわかるように、これは、多くのもんちゃくの種、補足的なできごと、副次的な反動を排除してしまうことはできない。そこにはなお、母権と父権の間で選択する余地がある。原注3

母系親族と父系親族の原理のはたらきをさらにくわしくみることにしよう。情操内における情動の組織は、社会組織と密接に関連している。母親に対する情操の形成については、この本の第一部でくわしくしらべ、前の数章のひとつで要約したように、初期のやさしさから権威の行使にいたるまで変化はどんな深い障害もともなっていない。母権制では、強制的な権力を行使するのは母親でなく彼女の兄弟だ。そして継承は母親とむすこのあいだに如何なる対立も嫉妬ももちこみはしない。というのは、ここではまた、彼は彼女の兄弟だけから遺産を相続するからだ。同時に、母親と子供の個人的な愛着とやさしさのきずなは、反対方向へのすべての文化的、社会的影響力にもかかわらず、父親と子供のものより強い。また、母子関係の明白に肉体的な性質が、子供と母親の身体的同一性を強調することに、大きく貢献しているということを否定する理由もない。このように、母親とのきずなにおいては、出産、幼児期のやさしい感情、母親と子供の情動的きずな等は、より力強い情操になるが、この情操はそれにともなう法的、経済的相続という重荷によって乱されることはけっしてない。言い換えると、母権制では、むすこは母親の兄弟から相続しなければならないという社会のおきては、母親との関係をけっして阻害しはしない。概してこのことは、この関係が経験的にはより明白で、感情的にはより強いのだという事実を表わしている。しかも、われわれが一つの母系制社会の制度をくわしく検討してわかったように、厳格な権威、社会的理想と野心を代表している母親の兄弟は、きわめて適切なことであるが、家庭の環から遠くに置かれている。

一方、父権制は、前章でくわしくみたように、情操形成のなかにはっきりした裂け目をのこす。父系制社会では、父親は彼自身のなかで、やさしい友人という面と法の厳格な守護者という面とを統合しなければならない。このことは、一方では情操内部の調和を乱し、他方では、嫉妬と敵対をうみ出し協働を妨げることによって、家庭内部に社会的な窮境をつくりだす。

さらにもうひとつの点が指摘できる。文明社会においてより未開社会における方が、親族関係が性的態度を規定する度合が強い。家庭の範囲をこえて親族関係を拡張するということは、多くの社会で、氏族の形成とともに外婚制の形成をも意味している。母権制では、家族内での近親相姦の禁止は、単純なしかたで氏族内における性交の禁止にまで拡大されている。母系社会では、こういうわけで、その共同社会のすべての女性に対する一般的な性的態度は、調和した単純な過程によって漸層的に形成される。一方、家父長制社会では、家族内部の近親相姦に関する規則は、単純に氏族にまで拡げられるのではなく、性についての合法非合法のあたらしい観念体系が組立てられなければならない。父系外婚制は、近親相姦がもっとも厳格にさけられるべき人物、つまり母親をふくんでいない。これらすべてから、われわれは、社会を組織するうえでなぜ母権制が父権制より有効な原理なのかがわかる。その有効性は、親族組織が類別的にも狭義にも重要な社会学上の役割を演じているようなレベルの社会組織と明らかに関連している。

父権制もまたいちじるしい利点をもっていることを認識するのも重要なことである。母権制では、子供に対していつも二重の権威が存在し、家庭自体が分裂している。そこでは親族関係の複雑なクロス・システムが発達し、未開社会ではそれが社会組織を強力にしているが、高等な社会では多くの混乱を生みだしている。文化が進歩するにつれ、氏族と類別的親族組織の制度が消えてゆくにつれ、部族、街、国家などの地域共同体の組織が単純になる必要が生じるにつれ、父権制の原理は自然と支配的になる。しかし、これは、われわれを目下の研究の範囲を越える問題である。

要約すると、母権制と父権制の利点はよく釣合っており、そのどちらかが一般的優越性をもつとか、広く行なわれているとか言うのはたぶん不可能だろう。しかし、法的、経済的、社会的なことがらを勘定にいれた場合に、単系親族原理が双系のものよりより有効であるという点については疑問の余地は全くない。

もっとも重要な点は、母権も父権も、親族関係や出自をたどる唯一の排他的な規則ではあり得ないということを認識することである。二つの原理のうち一つが法的に強調されるのは、物質的、道徳的、社会的性格の具体的な財産の相続に際してだけだ。ほかのところで示したように、そういった法的な強調は、その一面的なはたらきを消そうとする慣習的伝統的反動をともなっている。

もう一度われわれの出発点、つまりこの本の一部と二部で達した結論に対するジョーンズ博士の批判に戻ると、いまや母権制の出現が「知られざる社会的、経済的理由によって」現われた不可解な現象ではないことがわかる。母権制は、各々ある利点をもつ親族関係認知の二つの方法のうちの一つである。母権制の利点の方が、全体としては父権制のそれより大きいだろう。それらの利点としては何よりもまず、われわれがこの章で明らかにしてきた点をあげなければならない。それは、母権制が父親に対する情操から強い抑圧を除き、共同体内部の性的禁制の機構内で母親により矛盾のない、よりよく適合した位置を与えるという点である。

原注1　E・S・ハートランド著『未開社会』一九二一年、二頁、三二頁、その他、参照。
2　R・H・ローウィー著『原始社会』の中の「家族」「親族」「氏族」に関する章、参照。
3　拙著『未開社会における犯罪と慣習』一九二六年、『Nature』誌、一九二六年、二月六日号付録。同誌、一九二五年、八月十五日号の拙稿、参照。

XII　文化とコンプレックス

われわれは、われわれの主題すなわち、自然から文化への移行と相関関係をもつ本能的資質の変化をすべて検討してきた。ここで、議論の概略を示し、その結論を要約しよう。われわれは、コンプレックスの起源と歴史に関する精神分析学の観点から出発した。そしてこのなかで、多くのあいまいさと矛盾にでくわした。すでに抑圧された要素の抑圧という考え方、無知と母系制は憎しみをそらす方法として考案されたものだという理論、父権制は家族内のほとんどのごたごたのタネをうまく解決するものだという考え方、これらはすべて基本的な人類学上の事実や原理ばかりでなく、精神分析学の一般原則からみても容認し難いものだ。これらの矛盾のすべてが、エディプス・コンプレックスを文化発生の主要な原因と考え、人間の制度や思想や信念に先行し、それらを生み出した、と考える視点から出ていることもわかった。精神分析理論にしたがって、この原初的エディプス・コンプレックスがどんな具体的なかたちで起こったのかを見つけようとしているとき、われわれはフロイトの「原初犯罪」という仮説に出くわした。フロイトは、文化をその犯罪に対して自然に起こった反応としてみており、その犯罪の記憶、後悔、アンビヴァレントな態度が「集団的無意識」のなかに残っているのだと仮定した。

　われわれは、この仮説を受け入れることができなかったので、それをさらに詳しく調べなければならなかった。そして、トーテム犯罪を、自然と文化を分割するできごととして、文化発生の契機として考えなければならないことがわかった。この前提なしにはその仮説はなんの意味ももたない。しかしこう前提すると出てきた仮説はくずれる。家族の初期形態に関するほかの推論と同じように、フロイトの仮説においても、もっとも重大なまちがいは、本能と習慣、生物学的に決定された反応と文化的適応のそれぞれのちがいを無視したために生じている。したがって、自然から文化への移行によって起こる家族のきずなの変質を調べることが、われわれの仕事になった。

われわれは、先天的な資質が基本的に修正されることを確かめ、それが人間の精神に与える影響の結果はどんなものかを示そうとした。その過程でわれわれはもっとも重大な精神分析学上の問題に出くわし、家族コンプレックスの自動的な形成という理論を提供することができた。われわれは、コンプレックスが文化の避けることのできない副産物であること、それは家族が、本能によって結びつけられた集団から、文化的きずなによって結びつけられたものへと発達するにつれて現われることを見つけた。心理学的に言うと、この変化は、先天的傾向の連鎖による一貫性が、組織された情操のシステムに変質することを意味している。情操の形成過程では、その情操から、多くの態度、調整、本能などを排除するように、精神の成熟を導く多くの心理学的法則がはたらく。われわれは、そのメカニズムを、文化的枠組みと直接の個人的接触をとおしてはたらく社会的環境の影響力に見つけた。

父親とむすこの、母親とむすこの関係から特定の態度と衝動を排除する過程は、かなり幅の広い可能性を示している。衝動と情動のシステマティックな組織化は、ある態度を少しずつ後退させ弱めることによって、また劇的なショック、儀式におけるような組織された目標、嘲りや世論によって成しとげられるだろう。そういったメカニズムによって、たとえば、一方では官能性が母親に対する子供の関係から排除され、他方では父親と子供の間の愛情はしばしば厳格で強制的な関係にとって代わられる。これらのメカニズムが作用する仕方は、つねに同じ結果に導くとはかぎらない。そして、精神内部と社会内における多くの不適応は、性が抑圧され、権威が課せられる文化的メカニズムの不完全さにまでさかのぼることができる。これについては、われわれはこの本の第一部と第二部でいくつかの具体例を詳しく示しておいた。この点は前章でもふたたび理論的に正当化された。

このように、情操の形成やそれが含む葛藤や不適応は、その社会で作用している社会学的なメカニズムに大きく左右される。このメカニズムの主な側面は、幼児期の性の規制、近親相姦のタブー、外婚制、権威の割り当て、家族構成のタイプなどである。ここに、たぶん、この研究論文の主な寄与がある。われわれは生物学的、心理学的、社会学的諸要因のあいだの関係を示すことができた。われわれは、文化のもとにおける本能の可塑性に関する理論及び本能的反応から文化的適応への移行の理論を発展させた。その心理学的側面では、われわれの理論は新しいアプローチの仕方を提示した。このアプローチは、社会的要因の影響を十分に評価する一方「集団心性」「集団的無意識」「群居本能」などの形而上的な概念はすべて追放した。

これら全てを通じて、われわれは精神分析学の中心的問題、つまり近親相姦、父親の権威、性的タブー、本能の成熟などの問題を一貫して論じてきた。事実、私の議論の結果は、いくつかの点に関して精神分析学の一般的理論を確証したが、別の点ではたいへんな修正の必要があることを示した。母権の影響力とその機能についての具体的な問題に関してさえ、私が以前に出版した本の結論とこの本の結論は、精神分析学の原則を完全に破壊するものではない。母権制はすでに示したように、父権制を上まわる利点をもっており、一方では権威を二人の男に分割することによって、「エディプス・コンプレックスを分裂させてしまい」、他方では、近親相姦禁制の体系を導入して、家庭内の性的タブーから直接外婚制を導き出す。しかし、われわれは母権がコンプレックスだけに左右されるのではなく、さまざまな原因によって決定されるより広い現象であることを認識しなければならなかった。私は、これらのことを具体的に説明することによって、私が母権制の出現をまだ知られていない社会学的経済学的理由のせいだと仮定したという、ジョーンズ博士の反論に答えた。私は、母系制が親族関係認知の二つの形態のうち、より有用性があるものとして理解できるということを示そうとした。大事な点は、われわれが見たように、親族関係認知の単系的なしかたは、ほとんどすべての文化に取り入れられているが、低い文化的レベルの人々のあいだでは母系の方が父系よりいちじるしい利点をもっているということだ。こうした母権制の利点は、「コンプレックス」を修正し、引き裂いてしまう力に由来しているのである。

私は、そのコンプレックスがなぜそれほど危険なものなのかを、精神分析理論の視点から説明するのはむずかしいということをつけ加えておかねばなるまい。結局、精神分析学者にとって、エディプス・コンプレックスは文化の根源であり、宗教、法、道徳の出発点なのだ。なぜそれを一掃する必要性があるのだろう。なぜ人間性とか「集団心性」がそれをこわす方法を「案出」しなければならないのだろうか。しかし、われわれにとってそのコンプレックスは原因ではなく副産物、創造の原理ではなく不適応なのだ。この不適応は父権制におけるよりも母権制における方が害が少ない。

これらの結論は、最初、数年前別々に発表され、この本の第一部、第二部として再版された二つの論文のなかで明らかにされた。ここでふたたび一般的問題を扱ってみて、われわれは精神分析理論に対する幾つかの確証を得た。ただし、この理論が独断的な教義としてではなく、うまい着想とか有効な仮説として受けとられることを条件としての話であるが。

科学的探究というものは、さまざまな専門家同士の共同研究とギヴ・アンド・テイクにある。私は精神分析学派からさまざまな示唆を得てきた。それ故後者が協力関係を拒んだり、彼らが親しんでいない分野から誠実に与えられたものを受け入れることを拒んだりするなら、それはたいへん嘆かわしいことだろう。科学の進歩は一直線にすすむ単純な前進ではけっしてない。あたらしい領土を征服するとき、不毛な土地に杭をうって権利を主張することがしばしばある。学者や学派にとって、守ることのできない所から退却することは、発見のあたらしい分野を開拓するのと同じくらいだいじなことなのだ。そして、結局、科学的な試掘においては、ほんの一握りの黄金の真実も役に立たない小石や砂を忍耐づよく洗い落としとり除いてゆくことによってしか得られないのだ、ということを覚えておくべきだろう。

訳注

1　エディプス・コンプレックス　*Ödipuskomplex*

男の子が父親をにくみ母親に性的な愛情を感じるという無意識的な感情の複合体。ギリシャ神話における、父を殺し母と結婚したオイディプスの物語にちなんで名づけられた。フロイトは、このコンプレックスを人類に普遍的なものとみなしたが、マリノフスキーは、本書でみられるように、エディプス・コンプレックスはアーリアン系の家父長制の社会にみられるもので、たとえば母系制のトロブリアンド諸島では別のタイプのコンプレックスがみられることを示した。

2　たとえば、マリノフスキーは当初、コンプレックス、エディプス・コンプレックス等の語を用いていたが、後にはそれらを批判し放棄している。

3　集団婚　*group-marriage*

同じ世代の親族の男女が集団的に婚姻関係を結ぶような婚姻形態。

4　トーテミズム　*totemism*

部族を構成する単位集団の各々が特定の動植物ないし無生物（トーテム）と超自然的な関係をもつとされている社会形態。トーテムは、たとえば、その集団の始祖であると考えられていたり、その集団の始祖と特別の関係にあったと考えられていたりする。

5　義母を避けること　*avoidance of mother-in-law*
ある社会においては、義理の母と義理の息子がお互いを回避しなければならないとされている。要求される回避の程度は、同じ村の中に同時に居てはならないというもの、同じ皿の食物を食べることを禁じるもの、極めて丁重な言葉使いで話し合わねばならないものなど様々である。この規則は、ある特定の関係（殊に姻戚関係）にあるもの同士に回避することを命じる一般的な規則の一例である。

6　リビドー　*libido*
精神分析学の用語。本能的性的エネルギー。フロイトによれば、リビドーは身体の様々な部分や器官に分布しているが、リビドーがもっとも多量に分布する性感帯の名前をとって人間の性的成長の過程を、口唇期、肛門期、男根期、性器期の各段階に分けることができる。

7　情操　*sentiment*
sentiment を情操、*emotion* を情動、*feeling* を感情と訳した。

8　この種の理論については、L・H・モルガン、荒畑寒村訳『古代社会』上・下　角川書店、一九五四年、その他、参照。

9　プナルア婚　*Punalua marriage*
一組の兄弟と一組の姉妹の間で行われる婚姻。個別的な結合は制度としては認められていない。L・H・モルガン著『古代社会』（一八七七年）において体系化された進化主義的発展図式によれば、人類の婚姻形態は、次の諸段階を通過した。乱婚↓直系、傍系の兄弟、姉妹が集団的に結婚する集団婚（血族婚家族）↓一組の兄弟と一組の姉妹が集団として結婚するプナルア婚↓一対の男女が結婚するが排他的な同棲にまでいたらない対偶婚↓単婚。

10　氏族　*clan*

クラン。同一の祖先から分かれたという意識によって結合している血縁集団であり、一定の政治的、宗教的機能をもっている。

11　単婚　*monogamous marriage*

配偶者が一人であるような婚姻形態。一夫一婦制。

12　家父長制

本書では *matriarchal* を女家長制、*patriarchal* を家父長制と訳した。

13　母権制

ここでは *mother-right* を母権制と訳した。本書の二七二頁ではっきりと述べているように、マリノフスキーは本書で、*mother-right* を *maternal descent, matriliny*（母系出自）と、*father-right* を *paternal descent, patriliny*（父系出自）とほぼ同じ意味で用いている。つまり、彼は、*mother-right, father-right* という用語によって、権力や権威の所在を表現しているのではなく、単に系譜がどのようにたどられるかを表現しているに過ぎない場合が多いが、この個所のように明らかに権力の所在を考慮に入れている場合もある。また、*mother-right* と *father-right* は、系譜のたどり方や権威、権力の配分の仕方という面からみた社会組織のタイプを表わすために用いられている場合もある。本訳書においては、文脈によって一応父権、母権と父権制、母権制という二通りの訳し方をしたが、内容的にはここで述べたような様々な意味で用いられている点に留意されたい。

14　出自　*descent*

血統と訳すこともある。出自とは、個人と祖先の社会的に公認された関係であり、個人は祖先と父、母、もしくはその両者を通じて関係づけられる。*descent*（出自、血統）によって結ばれた人々が一定の機能をもつ集団を構成する場合、その集団を *descent group*（血縁集団）とよぶ。個人がどの血縁集団に属するかを決めるのが *rule of descent*（出自規制）である。たとえば、一方の親だけによって血統（*descent*）がたどられ、いずれの血縁集団に属するかが決まるのが単系制であり、これには、血統が父方（*patrilineal*）のみを通じてたどられ個人が父方の血縁集団に属する父系制や、母方（*matrilineal*）のみによる母系制がある。前者の場合には父系血縁集団（*patrilineal descent group*）が、後者の場合には母系血縁集団（*matrilineal descent group*）が形成される。これらはいずれも単系血縁集団とよばれるが、一般に、成員同士の関係を具体的な系譜関係によってたどり得る範囲の単系血縁集団をリネェジとよぶ。訳注16参照。また、成員同士の具体的な系譜関係がたどれない場合でも、同一の祖先から分かれたものという意識によって結ばれ、政治的、経済的、宗教的機能をもつ単系血縁集団を氏族とよぶ。

15　中核コンプレックス *nuclear complex*（*of the family*）

本書においては家族コンプレックス、中核コンプレックス、中核家族コンプレックスなどが同一の概念を表わすものとして用いられている。これらの用語が意味しているのは、ある社会において個人が家族の成員（父母、兄弟姉妹、トロブリアンドの場合にはさらに母方のおじ）に対して有する典型的な情操・態度の体系であり、個人によって意識されている部分とされていない部分がある。たとえばエディプス・コンプレックスは家父長制的な社会に典型的な家族コンプレックスであり、母系制のトロブリアンドにはそれとは別の家族コンプレックスが存在することを立証しようとしたのが、本書第一部の第Ⅰ、Ⅱ章である。

16　リネエジ　*lineage*
成員同士の関係が具体的系譜関係によってたどれる単系血縁集団。経済的、宗教的な機能をもっており、外婚単位である。訳注14参照。

17　夫方居住婚　*patrilocal marriage*
結婚した夫婦が夫の家またはその近所に居住する方式で、子供から言えば、父方居住ということになる。

18　性器タイプの幼児性欲　*infantile sexuality of the genital type*
フロイトは性欲を広く解釈して、性器によらない性感覚を認めている。口とか肛門とかの器官は、食べることや排泄することという機能を持つと同時に、性的快感を感じる場所（性感帯）でもある。マリノフスキーがここで意味しているのは、子どもの性欲のうち性器期のもの、つまり性器による快感を求めるタイプのものである。訳注6参照。

19　性欲の退行　*the regression of sexuality*

精神分析の用語においては、いったん発達したリビドーが前段階の状態に戻る（たとえば、性器期から肛門期へという風に）ことを〝退行〟とよんでいるが、ここでは単に性欲が一時期抑圧され忘れられるという状態を意味しているだけである。

20　潜伏期　*a period of latency*

性欲が一時意識の表面から消える時期。なくなってしまっているわけではなく、一時的に忘れられているので〝潜伏期〟という。

21　エレクトラ・コンプレックス　*the Electra complex*

娘が父に性的愛着を感じ母を憎む傾向。

22　外婚規制　*the laws of exogamy*

個人が属するある集団内の異性と結婚を禁じる規制。たとえば、単系血縁集団が機能している社会では、個人は自分と同じ集団に属する異性と結婚することが禁じられている。

23　アンビヴァレント　*ambivalent*

〝両価的〟〝両義的〟などと訳される。二つの反対の方向が同時に含んでいるような態度や傾向を示すために用いる。たとえば、息子の父親に対する態度には、敬愛と憎しみ、反抗という相反する感情が同時に含まれている。

24　¡*Me cago en Dios*!
「〔私は神の前で脱糞した〕」という瀆神の表現で、人をののしるために用いるが、日本語にこれに対応する表現がないので原語のままにした。

25　交叉いとこ　*cross-cousin*
父の姉妹の子供と母の兄弟の子供。

26　精神的外傷　*trauma*
永久的な結果（神経症その他）を残すような衝撃的な体験、普通は無意識の領域に追い込められていて意識にのぼらない。

27　類別的親族名称　*classificatory terms of relationship*
様々な親族関係をあらわすことばを親族名称と総称する（たとえばチチ、ハハ、オジなど）。諸民族の親族名称は、類別的親族名称と記述的親族名称の二つに大別されることがある。類別的親族名称は親族の個別的関係を区別して表現しないで一群の関係にある人々を一まとめにした名称を用いる。たとえば、ハワイ島民の親族名称においては、オジとチチ、オバとハハを区別せず、また、親族関係にある一世代のすべての成員がひとつ下の世代のものをすべて自分の子どもと呼ぶ。マリノフスキーは、たとえばチチ、ハハという名称を父母と同世代の親族（オジ、オバなど）にまで拡大して適用することによって類別的親族名称が発生したと考えている。

28　双系親族　*bilateral kinship*

系譜を父と母の双方を通じてたどることによって成立する親族。

29　単系親族　*unilateral kinship*

父か母の一方だけを通じて系譜をたどることによって成立している親族。

30　半族　*sib*

一部族あるいは一社会がいくつかのリネェジ群からなりたっていて、そのうち特定の二つのリネェジが互いに結婚しあっている場合、その二つのリネェジを半族と呼ぶ。（訳注16参照）互いに結婚し合う単系血縁集団でなくても、一社会が二つに分かれて、それぞれが社会的機能を分担しているような場合にもその二つの部分をそれぞれ半族という。ここでは前者の意味で用いられている。

解説

阿部年晴

I 原著

本書は、Bronislaw Malinowski, *Sex and Repression in Savage Society*, International Library of Psychology Philosophy and Scientific Method（初版は一九二七年刊行）の全訳である。翻訳にあたっては、一九五三年刊行の第四版を用いた。

本書の第一部は、Psyche, vol. iv (April)、一九二四年に、第二部は、Psyche, vol. v (January)、一九二五年に、それぞれ独立した論文として発表され、のちに本書に再録されたものである。

Ⅱ　著者

著者B・マリノフスキーは、一九二〇年代のイギリスに端を発する機能主義的人類学の確立者の一人として広く知られている。彼の主著はほとんど邦訳されており[注1]、その生涯や業績についても詳しい紹介があるのでここでは略歴を述べることにとどめる。[注2]

ブロニスロウ・マリノフスキーは一八八四年四月七日ポーランドのクラカウで生れた。父親は高名なスラヴ語学者であった。彼はクラカウで教育を受け、一九〇八年に物理学と数学の学位を取得した。そのころフレイザーの『金枝篇』を読んで深い感銘を受け、人類学を志すにいたった。その後、ライプチッヒでK・ビュッヒャーとW・ヴントのもとで民族心理学を学んだのちロンドンに渡った。ロンドンでは、ロンドン・スクール・オブ・エコノミックス（London School of Economics）においてC・G・セリグマンの指導のもとに社会人類学を専攻し、一九一六年、オーストラリア原住民とマイルウ族に関する研究によって学位を得た。

一九一三年から一九一四年にかけて社会学科の講師として同校で講義。一九一四年九月ニューギニアに渡り、マイルウ族のもとで数カ月暮した。その後、一九一五年六月～一九一六年五月、一九一七年一〇月〜一九一八年一〇月の二回にわたってトロブリアンド諸島での現地調査に従事している。その間彼はトロブリアンド語を学び、二年間の調査中、六週間をのぞけば、単身トロブリアンド島民の間で生活した。トロブリアンド諸島における彼の調査は彼自身の研究にとってのみならず、社会人類学の歴史においても画期的な意味をもつものである。それは、研究対象とする社会に研究者自身が住み込み、そこの言語を学び、土地の住民と生活をともにし、具体的な個々人からなる生活の過程を観察するとともに、個々の文化要素を恣意的に分離することなく、それらが互いに影響を及ぼし合っている現実の機能的連関の総体を把握しようとする、いわゆる機能論的人類学のフィールド・ワークの開始を告げるものであった。彼自身、機能主義とは「フィールド・ワークに始まり、フィールド・ワークに帰る理論であり、フィールド・ワークとは、現実に存在する諸事象がいかに機能しており、それが当事者にとって何を意味しているかを観察するものである」と述べている。

彼はトロブリアンド諸島の文化について厖大な研究成果を発表しているだけでなく、理論的考察においても絶えずトロブリアンド諸島における調査経験に立ちもどり、それを手がかりとして理論を展開している。

帰国後の彼は一九二一年から一九二二年にかけてロンドン・スクール・オブ・エコノミ

ックスの民族学（Ethnology）の非常勤講師であり、一九二二年から二三年にかけては、社会人類学の講師であり、さらに二四年にロンドン大学の人類学の講師となり、一九二七年には、同大学の人類学講座の初代の教授に任命された。それ以後ほぼ二〇年間にわたってロンドンを根拠地として人類学の研究、教育に従事したが、そのかたわらヨーロッパの大陸部やアメリカもしばしば訪れ、活動的な知識人としての生活を送った。

一九三四年マリノフスキーは、南及び東アフリカに渡り、フィールド・ワークに従事している教え子たちを訪ねるとともに自分もスワジ（Swazi）、ベンバ、チャガ（Chagga）、マサイ、キクユ、マラゴリ（Maragoli）などの諸族の調査を試みた。

マリノフスキーはアメリカを一九二六年以来数回訪問して大学での講義や短期の調査に従事していたが、一九三八年に渡米した後、三年半にわたって滞在し、一九四二年その地で没した。

Ⅲ　本書の構成

本書は第一、二部からなる前半と第三、四部からなる後半に二分することができる。前半はいわば実証的な部分であり、ヨーロッパの家父長的社会とトロブリアンド諸島の母系制社会における子供の生育史を人類学的調査者の眼で観察、比較し、それぞれにどのようなコンプレックスが形成されるかを明らかにしたものである。この部分の背景には個人の成長過程における文化的要因と生物学的要因との相関関係についての著者の理論、人類学的調査の金字塔の一つに数えられる彼のトロブリアンド諸島における調査及びその諸記録、個人の性生活の発達に関するフロイトの見解などがある。

後半は理論的考察の部分であり、著者はここで、エディプス・コンプレックスが文化に先行しそれを生み出した普遍的現象であるという考えを否定し、コンプレックスあるいは抑圧の起源についての彼自身の見解をのべている。この部分の背景には、エディプス・コンプレックスの起源に関するフロイト等の考えだけではなく、家族の起源、近親相姦禁忌の起源、父系制と母系制の関係など、人類学の歴史をにぎわした研究と論争の歴史がある。[注3] 本書を十分に理解するためには、こうした背景に関する知識をある程度もっていることが必要であろう。

素描としての体裁をとっているが、本書の内容はきわめて豊富であり、本書においてわれわれは、調査者、観察者としての、また理論家としてのマリノフスキーの姿に接することができるばかりでなく、抑圧の実態及び起源というテーマをめぐって、「文化」の概念初め、[注4] 彼が有する主要な理論や概念が駆使される様をみることができる。その意味で本書はマリノフスキー理解のための恰好な手がかりを与えてくれるものとして読むこともできる。

また、マリノフスキー自身自負しているように、本書の前半はエディプス・コンプレックスの理論をはじめて未開社会に適用した試みであり、学説史的にみても注目すべき書物である。

Ⅳ 主題――文化における性――

人類学者として出発した当初から、マリノフスキーには、フィールド・ワーカーが直接観察することのできる個々人の現実の行動、感情、欲求と、社会のたてまえとしての理想や規範とを厳密に区別し、前者の方を重視する傾向があった。その彼が、師のC・G・セリグマンの手引きで精神分析学に接したとき、もっとも共鳴し大いに学びもしたのは、「言表された（意識的な）動機や感情と深い（意識下の）〝現実の〟欲求や感情との間には大きな裂け目がある」という見解であり、「意識するとしないとにかかわらず、同一人物の内に相互に矛盾する感情が共存し得る」という見解であった。[注5] 精神分析学のこうした側面は、個々人の感情や衝動を重視し、それによって家族形態など社会的現象を説明する傾向（いわゆる心理主義的傾向）のあったマリノフスキーの方法に適合するものとして受け入れられ、その後の研究に大きな影響を及ぼしたのである。ことに、「息子の性的な本能的衝動と父親の文化的に裏づけられた権力や権威との間の衝突に由来する、父親と息子のアンビヴァレントな情動的関係」[注6]としてとらえられたエディプス・コンプレックスの概念の影響は大きい。

本書にみられるような研究に着手するきっかけとなったのも、フロイトのエディプス・コンプレックスに関する理論を調査地であるトロブリアンド諸島において検証してみようという意図であった。

本書の主題は、精神分析と社会科学の協力を実現することであり、具体的に言えば、性の抑圧とコンプレックスの形成を文化的、社会的背景と関連させて理解することによって、精神分析学の理論のいくつかを修正し、新しい可能性を切り拓くことであった。

一九二〇年代以降同様の試みは、人類学の内部では主として心理人類学を専攻するアメリカの人類学者や彼らと協力する精神分析学者達によって行なわれ、そのほかでは、マルクスとフロイトの流れをくむ、E・フロムなどのいわゆるフロイト左派の精神分析学者やW・ライヒなどによってすすめられた。たとえばE・フロムは一九三二年に、精神分析的社会心理学の方法と課題を次のようにまとめている。「その方法は、その社会に重要性をもつ共通の心的態度をその社会の社会経済的生活諸条件への本能装置の積極的及び消極的適合で理解することである。その課題は社会のリビドー的構造を叙述し、社会過程におけるそれの機能を解明することである」[注7]

近頃、「性」が論じられる機会がきわめて多く、それはすでに流行のテーマの観を呈している。おそらくわれわれは、このテーマを通じて、われわれの文明がかつて正面から取り上げたことのなかった深刻な問題に近づきつつあるのであり、その問題の根の深さと広がりを未だ十分には把握していないのであろうが、こうした根本的な問題を論じることが一種の流行になっていること自体はわれわれが置かれている歴史的、社会的状況について何事かを物語っているはずである。

しかし、様々なコンテキストにおいてなされる議論の中には依然として性を人間生活の他の部分から切り離し、いわば抽象して論じる「近代主義」や「技術主義」の立場から脱却していないものが数多い。ある場合には性はもっぱら生殖との関連においてのみとりあげられ、別の場合にはもっぱら〝快〟の問題としてのみ論じられる。また、それは理性とは関係のない情緒の問題とみなされたり、もっぱら個人同士の関係に還元されたりする。性の抑圧が問題とされる場合でも、もっぱら特定の社会体制のみの問題として論じられたり、抑圧の一つの局面だけがクローズ・アップされるといった具合である。しかもそうした一面的な観点だけからでは、現在われわれの性が置かれている状況も、外ならぬ現在、性について論じることの意義も明らかにならない。こうした現状を考えあわせると、一方で性と人間の性格全体との関連に注目し、他方では性と文化、社会との関連に注目する前記のような学者たちの立場は、単にアカデミズム内部の問題としてだけではなく、日常的な実践との関連においてもとりあげられるべきであろう。

フロイトが与えた衝撃があれほどにも深刻であったことからもうかがえるように、元来西欧の近代は性を正面からとりあげ、人間存在の中でそれが占める位置の大きさを正当に認識するということがなかった。人間存在あるいは文化における性というテーマが、文学、芸術はさておくとしても、社会科学や哲学の中心的な課題としてとりあげられることはきわめて稀なことだった。従って近代西欧の社会科学や哲学の内部で性を効果的にとり扱う方法が十分に磨かれることがなかったのも当然のことと言えよう。

これは、いわゆる未開社会が性という根源的な現象を神話や儀礼によって表現するとともに社会生活の基本的なメカニズムの中に組み込んでいるのとくらべて注目すべきことである。

こうした背景のもとに、フロイトは一方で性の解明によって人間存在の深淵に到る道を切り拓くとともに、性を通じて文化と社会の構造に光をあてる可能性をも見出したのである。マリノフスキーも「精神分析学のおもな功績のひとつは、心理学、生物学、社会科学という人間科学の三分野のあいだに新しいきずなをつくったことだ」と述べて、フロイトが開いた新しい可能性を認めている。その後、フロイトが見出した可能性をさらに展開することによって性の本質や性と文化、社会の関係を明らかにしようとする努力が前記のような哲学者、社会科学者、精神分析学者などによって続けられてきたのであるが、本書もそうした系譜の中に位置づけられるべきものであり、本書において性の抑圧をとり扱うマリノフスキーのアプローチは「文化における性」とでも呼ぶべきものである。言いかえれば、性の在り方を文化との関連という面から把握しようとする立場である。

「文化における性」という表現によってわれわれが意味するのはいわゆる文化決定論的な観点ではない。文化における性とその抑圧といった問題が根底から問い直されるときには文化決定論的な観点は無力であり、人間の生物学的条件を無視して考察をすすめることはできない。人間における生物学的基盤と文化的力との相互作用に注目するのはマリノフスキーの立場でもある。この点にも本書における彼の立場を改めてとりあげ検討しなおす意義が見出されるのである。

人類においては性は社会的、文化的現象となる。人類における性を論じる際には常にこの点に留意すべきであり、単純な生物学主義をとるべきではない。しかし他方では性が完全に飼いならされているとか、完全に文化の網の目にからめとられていると考えるべきでもない。性はわれわれの内なる自然であり、文化との相互作用のもとにおかれた自然である。言いかえれば、われわれは、性においてわれわれの内なる自然と文化的力との相互作用のドラマをみるのである。

人間が他の動物とも共有している性の衝動を各文化がそれぞれの仕方で鼓舞したり抑圧したり、文化的形式を与えることによって己れの内に組み込んだりする。こうした文化の働きかけに対して、性的衝動は様々な反作用をもって応える。この反作用が文化に及ぼす影響は複雑であり多岐にわたるものである。それは、たとえば、抑圧に対してはコンプレックスの形成であり、リビドーの特定器官への固着に対しては特定のタイプの性格の形成であり、その他、性衝動の昇華のエネルギーの意味することも測り知れないものであろう。こうした反作用を意識的、無意識的に利用する狡智も文化の中には働いているのである。ある社会体制を維持するのに望ましい性格型（たとえば権威主義的な性格など）をつくりあげるために性に対する制限が行なわれるような場合などがそれである。

地上にはさまざまな文化が存在しているのであるから、前記のようなアプローチは当然比較文化的な視点を取り入れるべきであろう。現在もなお、性に関する議論の多くは近代文明内部のいわば閉された空間の中で行なわれている。あるいは、近、現代の欧米の思想的営みを下敷きとした議論が多いと言ってもよかろう。そうした議論のうちで、われわれの思考が文化によってどれほど決定的に規定されているかについての反省をともなっているものや、文化が異なるにつれて性の在り方がいかに多様であり得るかについて思いをめぐらしているものは、きわめて稀れである。自分自身の思考の基本的な前提を掘りおこすことは常に困難なことであるが、そうした試みを避けて性のような根源的なテーマを問いなおすことは不可能であるということにわれわれは気づくべきであろう。

比較文化的なアプローチは、他方では、諸文化に共通の要素をも明らかにする。たとえば、近親相姦の禁制のように、文化や社会の差異を越えて人類の社会に普遍的に見出される禁制もある。こうした事実は、人類が人類になる過程、言いかえれば人類が文化を獲得する過程が、性の抑圧と無関係ではなかったことを示唆するものであろう。性の抑圧を文化との関連において把握しようとすると、たとえばこのような諸局面が問題になるのであるが、これらの諸局面はそのまま本書の主要なテーマでもある。

以上のような主題に取り組むにあたって、マリノフスキーは、自然史（進化論）、精神分析学、社会科学（社会人類学）が交錯するきわめてダイナミックでバランスのとれた立場を取っているが、この立場がその後の研究の歴史において十分に継承され展開されたとは言い難い。後にも述べるように、彼は自分自身の観点が持つ可能性を十全に展開しているとは言えないし、本書の論点の中には研究の現段階からみて修正されるべきものもあるが、マリノフスキーの論考の基本的な骨格は今なお示唆にとんでいるし、改めてたち戻って検討するに足るものである。

V 文化と性の抑圧

本書においてマリノフスキーは一応精神分析学で用いられるコンプレックスという語を用いているが、最終的にはそれに批判を加えたうえで放棄している。こうした観点から本書を検討してみると、第一部においてすでにマリノフスキーが、精神分析学派の理論にかなり大胆に自己流の解釈を加えたうえで応用していることがわかる。

まず彼は精神分析学の次のような側面に注目している。すなわち「精神分析学の学説は、本質的には、家族生活が人間の精神に与える影響についての理論である」「フロイト説のドラマ全体はある特定のタイプの社会組織のなかで、父親、母親、子供からなる狭い集団のなかで演じられる。このようにして家族コンプレックスは——フロイトによればもっとも重要な心理学的事実だが——ある特定の社会構成が人間精神におよぼす作用に基づいている」（本書一六頁）と述べている。

本書は、精神分析学理論のもつこうした社会科学的側面あるいは社会科学的可能性を、人類学的資料に基づいてさらに展開することを目ざしている。手はじめにマリノフスキーが着手することは、コンプレックスを社会的、文化的現象として把握することである。コンプレックスの形成にとって家族がそんなにも重要であり、しかも家族構造が多様であるとすれば、コンプレックスの内容は普遍的なものではあり得ない。従って、エディプス・コンプレックスも人類に普遍的な現象としてではなく、家父長制社会との関連において理解されるべきものであろう。同様にして、トロブリアンド諸島の母系制社会には、そこの家族構造に対応するようなコンプレックスがあるということになる。このことを証明するために、彼は、精神分析学派の方法に従って、ヨーロッパとトロブリアンド諸島の家庭における個人の生活史の典型的な諸段階を順次検討して、両者を比較することにより、各々の社会にそれぞれの家族構造（成員間の人間関係や権威の配分など）に対応したコンプレックスが生じることを明らかにしたのである。つまり、性に対する抑圧がどのような形でどの人間関係のうえに加えられるかが社会構造によって決定されるものであることを明らかにしたのである。これは、性に対する抑圧の性質が普遍的なものではなく、社会構造の相関物であることを実証的に示した点で先駆的な試みであった。この分析の過程で彼はコンプレックスという概念を様々な意味（たとえば「家族員に対する典型的な態度」）に用いているが、最終的にはこの概念を放棄して精神分析学のコンプレックスの概念にかえてシャンドの情操理論を採用する。彼によれば、シャンドの理論は次のようなものである。「われわれの情動生活は環境と緊密に結合されており多くのものごとや人々がわれわれの情動的な反応を惹き起こす、という原理に基づいている」「それぞれのものごとや人をめぐって、情動は、はっきりしたシステム、たとえば、われわれが親や郷土や職業などに対して感じる愛や憎しみや献身といったシステムへと組織される。組織された情動のそうしたシステムを、シャンド氏は情操とよんでいる」(本書一九二―一九三頁)つまり、ものごとや人々をめぐる生得的反応のあるものは選択的に利用され、(後天的な反応とともに)情動を形成する。情動はさらに情操として組織される。「文化的価値も社会的きずなも、伝統と文化の影響下に標準化された情操だからである」(本書一九三頁)

抑圧と「コンプレックス」については、マリノフスキーは二つのレベルで考えている。まず第一に彼は抑圧を人間存在における文化的次元と生物学的次元の相互作用というレベルで考えている。社会的、文化的作用は生物学的な傾向に一定の文化的形式(情操)を与えるのであるが、その際、生物学的な傾向の一部分を抑圧したり変形したりすることがある。このようにして抑圧されたり変形されたりした部分が「無意識」の領域を形づくるのである。(本書一九八―一九九頁)この観点からすれば、抑圧やコンプレックスは、人間が同時に生物学的次元と社会学的次元に生きているという事実に由来するものであり、普遍的なものであるということになる。しかし、このことは、ある特定の内容をもつ抑圧やコンプレックスが普遍的なものであるということを意味しない。

コンプレックスに関するマリノフスキーの考えは、生物学主義的でもなければ文化決定論的でもない。彼は二つの次元の緊張関係を人間存在の内部に移したものとしてコンプレックスを論じているのである。

コンプレックスが文化の結果であるという観点はフロイトにもなかったわけではない。しかし、文化の多様性という事実を前提としつつ、文化の構造を究明しようとしていた文化人類学者としてのマリノフスキーは、文化ないし社会の構造とコンプレックスの本質的な相関関係に気づくと同時に、社会構造の多様性に対応するコンプレックスの多様性を認識することができたのである。このことの意味はE・フロムの次のような指摘を参照すればさらに明らかになろう。

「どうやら人びとは、フロイトもまた文化的な決定因に関心をもっていたということを忘れているようですね。けれども違いはあります。フロイトにとっては、文化は、そのなかで文明が多かれ少なかれ本能の抑圧の程度あるいは強度の決定者であるような量的な実体だったのです。私は文化を、抑圧の量を決定する量的な意味においてではなく、人間を社会的な型に合致するように構造化する質的ななにものかとして見ます。言い換えるなら、われわれは、われわれの住む社会の要求に応じて、われわれがあらねばならないところのものになるということを仮定するのです。それゆえ、私にとっては、封建制であれ、ギリシャ奴隷社会であれ、ある特定社会の特定の構造を分析することがきわめて重大となるのです[注8]」

「フロイトはより多くルソー的な社会像をもっていました。そこでは最初の発達は原始的なものであり、社会がより複雑になるにしたがって、本能的な衝動の直接的な満足の抑圧をしいるようなもろもろの圧力が増加してくるのです。私が強調しようとすることはある特定社会の特有の構造の分析なのであり、これはフロイトがやらなかったことです[注9]」

ここで抑圧やコンプレックスに関するマリノフスキーのもう一つの観点に触れておくことが必要となる。彼はコンプレックスを「抑圧された情操」（本書一三五頁）とも言いかえている。抑圧は情操の本質と機能から生じるものである。「シャンドが人間の情操に関する研究で明らかにしたひとつの重要な点は、情操を構成する主だった情動が、それぞれ互いに独立しているのではなく、互いに排除や抑圧の傾向を示すということだ」（本書二五二頁）

情操が発達する過程は、「様々な要素が次々に消失して行く漸進的な排除と抑圧の過程」

（本書二五二頁）でもある。「抑圧の力は精神の力そのものなのだ。それは、あらゆる情操が社会的行動において役立つために必要とする一貫性の原理からきているのだ。憎しみとか怒りといった否定的な情動は、権威への服従や、文化的指導に対する尊敬や信頼とは相いれないものなのだ。また官能的な要素は、母親と息子の関係が家庭内の自然な役割分担と調和を保つためには、その関係から排除されなければならない」（本書二五三頁）

こうした観点からすれば、精神分析学におけるコンプレックスの概念は必要でないばかりか、一般心理学の立場からみればいささか恣意的にたてられた概念であるということにもなる。というのは、精神分析学においては、コンプレックスは「ある人物に対する患者の抑圧された情動的態度」であり、病因としてそれ自体としてとりあげられるのであるが、実際には、ある人物に対する情操はひとつの全体（システム）を形成しているのであって、その全体の抑圧されている部分だけを切り離して理解することは困難であるし、少なくとも社会学的な研究においては役に立たない。

こうした認識によってマリノフスキーは、性の抑圧を、単に神経症等の病理現象と結びつけるだけでなく、社会構造を維持して行くために必要とされる情操（＝性格）のタイプとの関連において考察するという画期的な観点を獲得するのである。情操はある具体的な状況のもとである人物（父、母方のおじ、など）をめぐって形成されるのであるが、社会が秩序を保って機能を続けるためにはそうした情操の一部分が抑圧されなければならない、という事情が生じる。このようにして無意識の領域に追いやられた部分が所謂「コンプレックス」なのである。本書の第一部において彼は、近代西欧の家父長制社会とトロブリアンドの母系制社会における「コンプレックス」の差異を、それぞれの社会における家族情操の形成とその部分的抑圧という観点から説明している。

さらに、本書においては十分に展開していないけれども、次のような観察をしている。「ニューギニアの南岸の一部に住んでいるマイルウ族の社会は、父系制であり家族内においては父親の権威が目立っており、抑圧的な性道徳のかなりきびしい規定をもっている。この人々の間で私は、神経衰弱症患者とみなされ、それ故民族誌学の情報提供者としては役に立たない数多くの人々の存在に気づいた」(本書一〇二頁)つまり彼は、ある種の社会組織は他の社会組織よりも性のより強い抑圧を必要とし、そのことが住民の性格にも大きな影響を及ぼしていることに気づいていたのである。ここにはまた個別的な情操の形成過程で作用するものとは別に、一般的にある社会は別のある社会よりもより性否定的であったりより性肯定的であったりするという認識もみられる。彼は「メラネシアにおいては性一般に対するタブーはない」(本書六七頁)と述べている。

同じ頃精神分析的な治療の過程で、特に精神病や神経症の予防という観点から、「性の抑圧と社会構造」という観点に到達したW・ライヒは、ある社会が必要とする性格のタイプと性の抑圧の関係を、特にドイツの場合を例として徹底的に究明している。たとえば、階級社会の支配構造に適合する権威主義的な性格を生み出すために、性の抑圧が有効な手段であることを指摘している点など。[注10]

ちなみにW・ライヒはマリノフスキーの、トロブリアンド島人の性生活の研究を画期的なものとして認め、その著『性道徳の出現』においては、本書の他に、マリノフスキーの『未開人の性生活』、『未開社会における犯罪と慣習』を主な手がかりにして論を展開している。

W・ライヒと同じく精神分析と社会科学を結合しようと試みていたE・フロムもそうした関連についての理論を構成している。そこでは彼もまた、社会が自分の必要とする社会的性格（それぞれの社会に特有であり典型的であるような性格）をつくりあげるために、性に関する何らかの抑圧を利用することに着目している。社会は両親の性格や育児法（たとえば排便のしつけ、授乳過多あるいは授乳不足といったこと）を通じて社会的性格をつくりあげるのであるが、その過程で何らかの抑圧が行なわれてリビドーがある性感帯に固着し、その結果、このリビドー的な欲望の昇華であるか、あるいはそれに対する反動形成であるような性格特性があらわれる。[注11] ここでも抑圧の内容は社会構造とリビドーの相互作用によって決まるのである。

この点においてマリノフスキーの見解を、W・ライヒやフロムのそれと比較すると、マリノフスキーにおいてはコンプレックス形成の場である家族とそれを含む全体社会との関係のとらえ方があいまいである点が明らかになる。性の抑圧を論じる彼の視野は家族とその周辺に限られており、全体社会の性格は問題とされていない。これは、ひとつには、彼の人類学的理論の内部で、家族とより広範な集団との関係が明確にとらえられていないことの結果であると考えられる。

彼は社会組織の総体が内的構造をもつ相対的に自律的な文化のサブシステムであるということを明確に認めていない。このため家族と社会組織全体の中に構造的に位置づけることが出来なかった。彼は家族があたかもはっきりと独立した普遍的な単位であり、出発点であるかのごとく論じている。彼によれば、親族集団も地縁集団もすべて家族内の人間関係の拡大によって成立するということになる。しかし、実際には、家族は常にそれ自体で自律的機能体であるとは見なしがたいものであり、かつ彼も認めているように、家族の形態が多様であるばかりでなく、それが果している機能や自律性の程度も社会によって異なるのである。にもかかわらず、彼の論考においてはともすれば、生物学的要請→家族→社会・文化の形態という方向のベクトルのみが強調されがちであった。社会組織論におけるこうした特徴ないし弱点は本書においてもさまざまな形であらわれているが、そのほかにもたとえば、彼が現代社会における家族や性について論じるとき特に正面にでてきている。彼は性の抑圧について論じながら、結局、抑圧の主体とメカニズムを家族の範囲を越える社会組織論の観点からは明らかにしていないのである。

ある文化が性に対してとる態度（性肯定的、性否定的、その他）について言えば、それは社会構造以外にもさまざまな決定因をもつものであることが、その後の比較文化的研究によって明らかにされているが、これらの学者はそうした点にはさほど留意していないようである。[注12]

すでに述べたように「文化における性」という視点をとるマリノフスキーは、本書の第一部で意識的に比較文化的なアプローチを用いている。つまり、エディプス・コンプレックスが普遍的な現象であるかどうかを明らかにするために、エディプス・コンプレックスが現に存在している近代ヨーロッパの家父長制的社会と、それときわめて対照的であると彼が考えたトロブリアンド諸島の母系制社会とを比較するという方法をとっている。

文化人類学者はしばしば、比較文化的な方法を通じてわれわれの認識内容や諸概念の普遍性に疑問をさしはさみ、それらを再検討するためのきっかけをつくってきたのであるが、マリノフスキーは本書において同様の方法を用いて一応の成功をおさめているのである。

しかし、本書において比較文化的方法の可能性が十分に展開されているとは言い難い。たとえば、彼は現代欧米の家族とトロブリアンドの家族が民族誌的資料にみられるかぎり、もっとも相違が大きく対照的な家族形態であると勝手にきめつけているが、納得のいく根拠は示されていない。あるいはまた、すでに述べたように、性肯定的、性否定的といった用語を用いて、性に対する社会全体の態度に注目しながら、それを文化の他の諸側面と体系的に関連づけようとせず、単に社会構造の相違のみと関連させており、この点でも比較文化的アプローチの効果があらわれていない。[注13]

さきにも述べたように本書は、「フィールド・ワーカーに問題を提起して刺激を与えること」を目標としているのであり、こうした点での体系性を求めるのは無理なのであろうが、ここにはそうしたいわば偶然的な事情だけではなく彼の方法の特徴も作用していると考えられるのである。彼は、トロブリアンド諸島におけるフィールド・ワークの結果を理論構成に際して一般化し過ぎるとしばしば非難されたのであるが、同じ傾向がここにも見られる。

彼が、人間生活ないしは文化の生物学的基礎についてしばしば述べていることはよく知られている。普遍的な生物学的要請と文化形式の関連は彼の文化論の核心をなしている。本書において彼は、生物学的な衝動と文化的形式とを明確に区別したうえで両者の関係を論じてはいるが、彼の比較法が厳密でないことと、よく指摘される彼の生物学主義的な傾斜とは無関係でないように思われる。

文化科学者は、種としての人類に普遍的な生物学的要請や傾向を諸文化が意味づけ形式を与える仕方の驚くべき多様性を明確に意識して、それとの緊張関係においてのみ生物学的要求、傾向といった事柄に言及すべきであろう。そして「性」のような微妙な問題領域において生物学主義と文化決定論のいずれにも決定的に傾くことなく文化現象を究明していくために、比較文化的アプローチの有効性は再確認されるべきなのである。注14

第一部において見出された母系制的コンプレックスが伝承や社会生活にどのような影響を及ぼしているかを明らかにしようとするのが第二部である。これは主として伝承における表われによって母系制的な性抑圧を確証しようという試みでもある。この部分にはまだフロイトの影響が強く、コンプレックスの投影として伝承のさまざまなモチーフを理解するという建て前をとっている。しかし、実際には、厳密な意味での無意識の表出としてではなく、情操の構造になんらかの形で対応するものとしてそれらをみている。

個々の神話の説明においてはきわめて正確な指摘をしており（ドコニカンの物語の説明など）、神話の構造と情操と社会構造の対応関係という観点に近づいているにもかかわらず、結局神話のモチーフのあれこれを情操から説明するという立場を超えていない。このことは彼の文化理論自体と無関係ではないように思われる。他のところでも繰り返したように、彼は文化的な形成力が文化自体の構造に由来する必然性をもった力であり、また、文化が「心理的なものではない」ことを認めていたにもかかわらず、依然として文化現象を生物体としての人間が持つ基本的な要請や個々人の現実の感情や欲求から説明する傾向が強かった。生物主義的とか心理主義的と称されるこうした傾向は、本書の第二部にもその刻印を残している。彼は、文化が、それぞれの内部構造をもつ相対的に自律的な諸レベルから成っており、それらのレベル間の対応関係も一定の構造をもつという観点をとらなかった。それ故、一続きの全体をなしている神話の中から特定のモチーフを抽出して、それをコンプレックスの表われとして説明する傾向を示している。これは神話論のレベルで、彼自身が非難している要素主義におち入ったものといえよう。

こうした事情のために本書の第二部はいわば平板な反映論にとどまっているのであるが、ここでとりあげられているテーマは元来それよりもはるかに豊かな広がりを持つものなのである。この点はわれわれの社会の場合と異なっていわゆる未開社会においては神話や儀礼がきわめて重要な機能を果しており、しかもそれらが性や「無意識」の領域とも深い関係をもっていると思われるのでことに残念である。

神話や儀礼は〝文化における性〟について考察するさいに欠くことのできない主題であり、われわれが、われわれ自身の性の在り方に対する認識を深め、われわれ自身の無意識の領域に働きかけようと試みるとき有効な手がかりを与えてくれるものである。このことは、ここ二〇年ほどの間に発表された社会人類学者や一部の心理学者たちによる成人式の研究に目を通すことだけによってもただちに明らかになるはずである。

Ⅵ 人類進化における性の抑圧

第一、二部においてマリノフスキーは、具体的な民族誌的資料に基づいて、コンプレックスと社会構造の関連を明らかにし、エディプス・コンプレックスの普遍性を否定した。しかし本書の第三、四部からもわかるように、精神分析学者のA・ジョーンズはマリノフスキーの結論に反論しそれを否定している。A・ジョーンズは、フロイトに従って、「原初の父親殺し」の結果生じたエディプス・コンプレックスは、すべての文化に先立つ原因であり、人類に普遍的なものであると主張した。これは起源論ないし発生論によってエディプス・コンプレックスの普遍性を主張する立場である。

これに対してマリノフスキーは、本書第三部において、「原初の父親殺し」といった事件によってあらゆる文化が生じたと想定することが理論的に受け入れ得ないものであることを論じるとともに、第四部において、発生論的な観点から性の抑圧の起源に関する彼自身の仮説を構成しようと試みている。そこで彼は、性の抑圧の起源を、動物のそれとは異なる人間の家族の成立のうちに想定した。

まず留意しておくべきことは、人類学史においてマリノフスキーは、「起源」に関する思弁の意義を否定する学派の確立者として位置づけられていることである。本書においても彼は、われわれは文化の発生期の状態を観察することができないのだということを強調しているし、「文化を生み出した原初のできごと」などという仮説をつくることが役に立たないことも主張している。

ここで彼が試みているのは、厳密に言えば、人類史のある段階を復原しようということではない。彼は、機能論的な文化理論を援用しつつ、人類の家族が成立する過程がいかなるものであったかについて一つの推論を試みているに過ぎない。言い換えれば、人類進化のある時期に、自然状態にある動物の家族が文化的な制度としての人類の家族に移行する過程で、文化的な形成力が人類の本能的資質にどのような変化をもたらしたかを推理しようとしているのである。

ここにおいても、マリノフスキーの論考の主要な道具は、「文化」と「情操」の概念および、それらと「本能」との関係である。

自然状態から文化状態への移行ということは、彼によれば、本能によって決定されていた行動が情操によって決定されるようになることを意味している。そして、彼が文化的形成力と本能との相互作用の場となる情操の特質と機能の中に抑圧発生の原因を見出していることはすでにのべたところである。

マリノフスキーにとっては、抑圧は人類が文化をもったことの、言い換えれば人間の行動が情操によって決定されるようになったことの必然的な副産物なのである。抑圧は人類の原罪であり、抑圧なしに文化はありえない。しかし、抑圧の種類と強さは文化と社会制度の違いにつれて多様であり、そこに固定されたものはない。人間集団の原初的な形態であり文化の揺籃でもあったのは家族である。とすれば、本能の抑圧とそれによって生じるコンプレックスの起源もまた最初期の家族の中に求められるべきだということになる。

ここで彼は「家族の機能」という観点をもち出す。彼によれば、家族の第一の機能は、他の動物の場合と同様、生殖ないし種の保存である。しかし、文化のもとにある人間の家族は動物の家族にはない機能をもっている。それは教育という機能である。

家族内の人間関係やそこにおける抑圧の発生を彼はこうした家族の機能との関連において説明する。

まず、生殖という機能に関連して。動物の家族においてはすべての役割と機能（父性、母性など）は本能ないし生得的傾向によって果されるのであるが、人間の家族の場合には、いわば「うすめられた」生得的傾向と文化が共同して働く。それゆえ、家族は集団によって認可され、さまざまな規範によって裏づけられる婚姻によって形成される。家族を形づくる一対の男女の関係は婚姻という文化的関係となる。夫と妻としての彼らの役割と行動は文化的規範によって定式化される。[注15]この原初の婚姻形態としては彼は単婚を想定している。

生殖という機能に関する限り、人間の家族においては、文化は生得的傾向と共働している。しかし、教育という機能については事情が異なってくる。つまり、そこでは文化は生得的傾向の助けなしに、むしろそれにさからって働かなければならない。ここで文化に固有の領域がはじまり、それにともなって抑圧とコンプレックスが問題になってくる。

教育の必要性からして、人間の家族においては、子供が成長すると同時に親の家族から離れて独立することができない。つまり、文化のもとにある人間の家族においては、子供は肉体的に成熟した後も両親のもとにとどまらねばならない。しかも、人間社会で必要とされる教育、文化の伝達は二つの世代（親の世代と子の世代）の間に、つまり教えるものと教えられるものとの間に独特の人間関係が成立していることを必要とする。彼の言葉を用いれば、両者がある種の情操を有していることが必要である。つまり、「教えられる側に尊敬、服従、信頼が、教える側に優しさ、威厳、指導することへの願望がなければならない。訓練は何らかの権威と威信がなければならない」（本書二三四頁）

文化のもとにおける人間の家族のこうした状況から彼は、近親相姦への欲求と権威への反抗の発生とそれらへの抑圧の必要性の発生とを導き出すのである。

なお、近親相姦の起源と機能については多くの議論があるが、マリノフスキーが本書第四部において提出している仮説は今なお多くの研究者の支持を得ているもののひとつである。

人間の家族の、従って文化の発生の必然的な産物として彼が想定するのはエディプス・コンプレックスである。その意味では彼はエディプス・コンプレックスが人類史において普遍的な現象であることを認めていると思われる。しかし、本書において繰り返し強調されているように、エディプス・コンプレックスは文化の原因ではなく、家族の一定の構造と機能の相関物なのであるから、その後も、時代と場所を超えて普遍的にみられるものではない。この点はすでに立証された通りである。

家族の原初形態に関する彼の推論を現在では文字通りに受け入れることができないことは言うまでもない。たとえば、動物の家族の側からのアプローチについて言えば、近年、

霊長類学の分野で多くの新事実が発見されているし、理論的な寄与もある。[注16]

そうした細部における問題はあるにしても、性とその抑圧を人間が文化をもっているという事実と結びつけて考えようという立場の意義は依然として大きい。われわれは「性とその抑圧」という主題を人類進化の過程と関連づけることによってその本来の広がりと深さを把握することができるのである。

この点に関しては、コンフォートの次のような見解もマリノフスキーの立場を支持するものであろう。「性は人類進化の物語のなかで、中枢的な位置を占めるものであり、それは繁殖の手段としてすべての動物がもつ通常の重要性をはるかに越えた重要性をもつのである[注17]」

そして人間において性が独自の重要な意味を帯びるようになったことは、人間が文化を生み出し、人間関係を制度化したことと無関係ではない。

性は強力な衝動である。しかも「性は社会的相互作用をもつ、それは、愛、嫉妬、誕生、親子関係を通してわたしたちの他人との関係に影響を及ぼす。これが社会的な動物において、性が関心と警戒を喚起する第一の最も明白な理由であり、またまさしくそれこそが、霊長類の進化過程においてヒトの独自で特異な性がまったく新しいものへと発展した契機であった[注18]」

ヒトがヒトになる進化の過程で、「性は人間的性格と行動の発展を形成する中枢的な力に仕上げられていった。[注19]」それはまた家族の形成の過程であり、抑圧とコンプレックスの成立の過程でもあったのだろう。性は社会的、文化的な機能を獲得することによって抑圧をも招来したのであるが、このことは単に人間の性格形成の問題であるにとどまらず、「精神を意識上と意識下の二次元に積極的に分割することにより、この反応は哺乳動物の歴史のなかでも最も意味ぶかい適応、すなわち概念的思考の出現をもたらしたということは、けっしてありえないことではない[注20]」のである。

このことは、本書でマリノフスキーがスケッチ風に描いている立場がもつ可能性を示唆するとともに、「性とその抑圧」という主題が人間存在の内にいかに深い根をもつものであるかをも示しているのである。

最後に本書の翻訳の事情について簡単に触れておきたい。本書の翻訳にあたっては、先ず真崎が通訳したものに阿部が手を入れ、それを両人で再び検討するという順序をとった。なお、本書の翻訳は、主として訳者側の都合で、当初の予定より大幅に遅れた。その間、忍耐強く訳者を鞭撻して下さった社会思想社の方々、特に直接本書を担当された田村研平氏に、ここで心からの謝意を述べておきたい。

注

1　マリノフスキーの主著で邦訳があるのは次のようなものである。
松井了穏訳『原始心理に於ける父』一九三八年、宗教と芸術社
松井了穏訳『原始民族の文化』一九三九年、三笠書房
国分敬治訳『神話と社会』一九四一年、創元社
青山道夫訳『未開社会における犯罪と慣習』一九五五年、日本評論新社
泉靖一、蒲生正男、島澄共訳『未開人の性生活』一九五七年、河出書房
姫岡勤、上子武次訳『文化の科学的理論』一九五八年、岩波書店
青山道夫、有地亨訳『未開家族の論理と心理』一九六〇年、法律文化社
藤井正雄訳『文化変化の動態』一九六三年、理想社
寺田和夫、増田義郎訳『西太平洋の遠洋航海者』（世界の名著五九）一九六七年、中央公論社
B・マリノウスキー、R・ブリフォールト著、江守五夫訳・解説『婚姻』一九七二年、社会思想社

2　マリノフスキーの学問的業績や学説史上の位置について詳しいのは、R. Firth (ed.) *Man and Culture*――An Evaluation of the Work of Bronislaw Malinowski, 1957, London.

3　この点については、次のような書物を参照のこと。
江守五夫『結婚の起源と歴史』一九六五年、社会思想社、現代教養文庫
ウェスターマーク、江守五夫訳『人類婚姻史』一九七〇年、社会思想社

泉靖一、中根千枝編『人間の社会I』現代文化人類学3、一九六〇年、中山書店
B・マリノウスキー、R・ブリフォールト『婚姻』社会思想社
4 「文化」の概念については、本書一九五―一九九頁、及びマリノフスキー著『文化の科学的理論』参照。
5 M. Fortes, 1957, "Malinowski and the Study of Kinship" p. 161 in R. Firth (ed.) *Man and Culture.*
6 前掲書、一六九頁
エヴァンズ著、牧康夫訳『フロムとの対話』四三頁、一九七〇年、みすず書房
7 W・ライヒ、E・フロム著、山崎カヲル、岩永達郎編訳『精神分析と唯物論』四七頁、一九七一年、イザラ書房
8 エヴァンズ著、前掲書、二八―二九頁
9 エヴァンズ著、前掲書、二九頁
10 小此木啓吾訳『性格分析』一九六六年、岩崎学術出版社
平田武靖訳『ファシズムの大衆心理』一九七〇年、せりか書房
中尾ハジメ訳『性と文化の革命』一九六九年、勁草書房等を参照。
11 エヴァンズ著、前掲書、二一頁
12 原ひろ子「性の文化的位置づけと婚姻――極北カナダのインディアン社会に関する考察――」

『性』（ジュリスト増刊）一九七〇、有斐閣等を参照。

13　原ひろ子著、前掲書、参照。

14　アメリカの心理人類学においては、文化と性格（パーソナリティ）の関係は中心的なテーマの一つであったが、そこでは、文化と性の関連について、比較研究の強みを発見した幾つかの例がある。

育児法のタイプと成人式のタイプとの相関についての通文的研究その他から、文化における性というテーマについて考えようとする人々は多くの示唆を受けとることができるはずである。

J. Whiting, C. Kluckhohn, & A. Anthony, 1958, 'The Function of Male Initiation Ceremonies at Puberty' in E. Macoby etc (eds.) "*Readings in Social Psychology*". New York, Holt.

15　マリノフスキーは、姦通の禁制を、結婚制度を守るための性抑圧の一形態とみなしている。

16　今西錦司「人間家族の起源」蒲生正男、大林太良、村武精一編『文化人類学』一九六七年、角川書店

17　コンフォート著、清水博之、小原秀雄訳『人間生物学』二二頁、一九七二年、思索社

18　コンフォート著、前掲書、二二―二三頁

19　コンフォート著、前掲書、二三頁

20　コンフォート著、前掲書、四九頁

本書は一九七二年九月三〇日、社会思想社より刊行された。

異人論　小松和彦
「異人殺し」のフォークロアの解析を通し、隠蔽され続けてきた日本文化の「闇」の領野を透視する。新しい民俗学誕生を告げる書。（中沢新一）

聴耳草紙　佐々木喜善
昔話発掘の先駆者として「日本のグリム」とも呼ばれる著者の代表作。故郷・遠野の昔話を語り口を生かして綴った一八三篇。（益田勝実／石井正己）

新編 霊魂観の系譜　桜井徳太郎
死後、人はどこへ行くのか。事故死した者にはなぜ特別な儀礼が必要なのか。3・11を機に再び問われる魂の弔い方。民俗学の名著を増補復刊。（宮田登）

江戸人の生と死　立川昭二
神沢杜口、杉田玄白、上田秋成、小林一茶、良寛、滝沢みち。江戸後期を生きた六人は、各々の病と老いをどのように体験したか。（森下みさ子）

差別語からはいる言語学入門　田中克彦
サベツと呼ばれる現象をきっかけに、ことばというものの本質をするどく追究。誰もが生きやすい社会を構築するための、言語学入門！（礫川全次）

汚穢と禁忌　メアリ・ダグラス　塚本利明訳
穢れや不浄を通し、秩序や無秩序、存在と非存在、生と死などの構造を解明。その文化のもつ体系的宇宙観に丹念に迫る古典的名著。（中沢新一）

宗教以前　高取正男　橋本峰雄
日本人の魂の救済はいかにして実現されうるのか。民俗の古層を訪ね、今日的な宗教のあり方を指し示す、幻の名著。（阿満利麿）

日本伝説集　高木敏雄
全国から集められた伝説より二五〇篇を精選。民話のほぼ全ての形式と種類を備えた決定版。日本人の原風景がここにある。（香月洋一郎）

宗教生活の基本形態（上）　エミール・デュルケーム　山﨑亮訳
宗教社会学の古典的名著を清新な新訳で。オーストラリアのトーテミスムにおける儀礼の研究から、宗教の本質的要素＝宗教生活の基本形態を析出する。

宗教生活の基本形態(下)　エミール・デュルケーム　山﨑亮訳

「最も原始的で単純な宗教」の分析から、宗教を、社会を「作り直す」行為の体系として位置づけ、20世紀人文学の原点となった名著。詳細な訳者解説を付す。

売笑三千年史　中山太郎

〈正統〉な学者が避けた分野に踏みこんだ、異端の民俗学者・中山太郎。本書は、売買春の歴史・民俗誌に光をあてる幻の大著である。（川村邦光）

グリム童話　野村泫

子どもたちはどうして残酷な話が好きなのか？　残酷で魅力的なグリム童話の人気の秘密を、みごとに解きあかす異色の童話論。（坂内徳明）

初版　金枝篇(上)　J・G・フレイザー　吉川信訳

人類の多様な宗教的想像力が生み出した多様な事例を収集し、その普遍的説明を試みた社会人類学最大の古典。膨大な註を含む初版の本邦初訳。

初版　金枝篇(下)　J・G・フレイザー　吉川信訳

なぜ祭司は前任者を殺さねばならないのか？　そして、殺す前になぜ〈黄金の枝〉を折り取るのか？　事例の博捜の末、探索行は謎の核心に迫る。

火の起原の神話　J・G・フレイザー　青江舜二郎訳

人類はいかにして火を手に入れたのか。世界各地より夥しい神話や伝説を渉猟し、文明初期の人類の精神世界を探った名著。（前田耕作）

江戸のはやり神　宮田登

踊り、薬師、稲荷……庶民の熱狂的な信仰対象である流行神。その淵源を江戸時代に求め、時代性と民俗の相関を丹念に探る。（小松和彦）

ケガレの民俗誌　宮田登

被差別部落、性差別、非常民の世界など、日本民俗の深層に根づいている不浄なる観念と差別の問題を考察した先駆的名著。（赤坂憲雄）

はじめての民俗学　宮田登

現代社会に生きる人々が抱く不安や畏れ、怖さの源はどこにあるのか。民俗学の入門的知識をやさしく説きつつ、現代社会に潜むフォークロアに迫る。

ちくま学芸文庫

未《み》開社会《かいしゃかい》における性《せい》と抑圧《よくあつ》

二〇一七年一月十日　第一刷発行

著　者　B・マリノフスキー
訳　者　阿部年晴（あべ・としはる）
　　　　真崎義博（まさき・よしひろ）
発行者　山野浩一
発行所　株式会社　筑摩書房
　　　　東京都台東区蔵前二―五―三　〒一一一―八七五五
　　　　振替〇〇一六〇―八―四一二三
装幀者　安野光雅
印刷所　明和印刷株式会社
製本所　株式会社積信堂

乱丁・落丁本の場合は、左記宛にご送付下さい。
送料小社負担でお取り替えいたします。
ご注文・お問い合わせも左記へお願いします。
筑摩書房サービスセンター
埼玉県さいたま市北区櫛引町二―六〇四　〒三三一―八五〇七
電話番号　〇四八―六五一―〇〇五三

ISBN978-4-480-09775-0 C0139